Rolf-Heiko Buyny

Alles zum Wohle der Kinder

Die dramatische Geschichte
der ersten bundesdeutschen Hausschule
(Philadelphia-Schule)

Dieses Buch ist auch als

e-book

erhältlich.

www.bod.de

Bibliografische Information der Deutschen Nationalbibliothek:	© 2016 BoD
	Umschlagfoto:
Die Deutsche Nationalbibliothek verzeichnet diese Publikation in der Deutschen Nationalbibliografie. Detaillierte bibliografische Daten sind im Internet über http//www.d-nb.de abrufbar	Philadelphia-Schule
	Layout: Winddruck, Siegen
	Herstellung und Verlag: BoD – Books on Demand, Norderstedt ISBN 978-3-741-274060
	Alle Rechte vorbehalten

„Bei jeder Mühe wird Gewinn sein"
(Sprüche Salomos, Kap.14,23)

Inhaltsverzeichnis

Vorwort 5
Der Tag X 9
Die geistliche Zurüstung 11
Erkenntnisse aus der biblischen Prophetie 27
Zustände an öffentlichen Schulen 36
Ideologische Hintergründe 45
Die Vorgeschichte der Hausschule 54
Anfangszeit der Hausschule 59
Der Kampf mit den Behörden 65
Die Schule bekommt einen Namen 86
Organisation des Hausunterrichts 92
Die erste Zweigschule entsteht 94
Schüler und Lehrer der Heim-Schule 99
Was ist aus den Heim-Schülern geworden? 112
Wo werden in Deutschland Heimschüler unterrichtet? 128
Eine Schule nach Gottes Plan 131
Modell einer christlichen Gesamtschule 147
Christliche Heimschulen im Ausland 152
Was bietet die Philadelphia-Schule? 158
Abschlusszeugnisse der Heimschüler 161
Heimschulfamilien flüchten ins Ausland 177
Lied der Heimschule 182

Anhang
Petition an den Niedersächs. Landtag 184

Vorwort

Für den einen bedeutet es verklärte Erinnerung an vergangene Zeiten, dem anderen ist es ständige Auseinandersetzung mit Personen, Dingen und Sachverhalten. Man blickt auf Vergangenes zurück oder nimmt Bezug auf Gegenwärtiges. Es gibt Kritik, Anklagen oder Resignation, aber auch Ansätze zu Neuem und Besserem: Schule ist ein Reizthema für viele, seit langem.

Wer sich äußert, hat in jedem Falle eine Schule durchlaufen, vielfach ist er auch durch eigene Kinder oder Berufliches mit dieser Einrichtung verbunden und versucht, Änderungsvorschläge einzubringen. Seit Jahrzehnten wird in und an der Schule reformiert, wobei die Ideen zu diesen Reformen jedoch in den seltensten Fällen von den unmittelbar Betroffenen zum Tragen kommen oder sich an deren tatsächlichen Erfordernissen ausrichten. Auch alle gegenteiligen und oft vollmundigen Beteuerungen ändern an dieser Tatsache nichts.

So stellen denn immer mehr Menschen betroffen fest: Die Verhältnisse in den öffentlichen Schulen sind so ungeordnet und besorgniserregend, daß vorgegebene Bildungs- und Erziehungsziele weitestgehend nicht mehr erreichbar sind. Von diesem Tatbestand haben wir auszugehen.

Gesunde und geordnete Zustände in den Schulen, deren Besuch verpflichtend ist, werden von vielen erhofft und sehnlichst herbeigewünscht - seit Jahren schon, aber dennoch meist vergeblich.

Christen haben auf diese bedrückenden Zustände im schulischen Raum beispielsweise durch Gründung von sog. Bekenntnisschulen reagiert, deren Anzahl inzwischen etwa fünfzig beträgt. Gemeinden ganz unterschiedlicher Prägung und Zielsetzung haben dafür die Verantwortung übernommen, und nicht selten ist die Trägerschaft auf mehrere solcher Gemeinden zugleich verteilt. Die Inanspruchnahme dieser

Schulen ist bemerkenswert groß. Die Kosten sind hoch, und eine Finanzierung durch Mittel der beteiligten Gemeinden und durch Spenden reicht nicht entfernt aus, so daß staatliche Zuschüsse unabdingbar für den Betrieb solcher Schulen sind. Oft ist es schwierig, genügend geeignete Lehrer zu finden, die nicht nur fachliche und menschliche Qualitäten mitbringen, sondern zugleich ihren Dienst als einen Auftrag des Evangeliums ansehen. Fragen von Autorität und Disziplin sind keineswegs ausgeschaltet und bereiten oft erhebliche Schwierigkeiten, selbst wenn man nicht gerne darüber spricht. Manche bibelgläubige Eltern sehen in den Bekenntnisschulen kein wirkliches Gegenstück zu den staatlichen Einrichtungen.

Was in diesem Buch zur Sprache kommt, ist kein Beitrag zur Schulreform. Die Heim- oder Hausschule, in ihrer erweiterten Form als Gemeindeschule, wie sie hier vorgestellt wird, ist nichts grundsätzlich Neues. Solche Schulen gibt es seit Jahren in einigen europäischen Ländern, etwa Österreich oder England, und besonders zahlreich in Kanada und den USA. Literatur über diese Schulform ist ausreichend verfügbar, liegt aber meistens nur auf englisch vor. Verallgemeinernd ist zu sagen, daß in diesen Ländern wohl eine Unterrichts-, aber keine Schulpflicht besteht. Deutschland ist von einer solchen gesetzlichen Regelung bedauerlicherweise weit entfernt. In verschiedenen Zeitungen, beispielsweise in Bonn, Nürnberg und Naumburg, erschienen in letzter Zeit Berichte über amerikanische Heimschulen (Home-Schools), wobei auch auf den Gründer der ersten deutschen Heimschule hingewiesen wurde. Ein Gericht, das mit der Beurteilung eines Falles von Schulpflichtverweigerung aus Glaubensgründen befaßt ist, ließ sich Unterlagen über Heimschulen im Ausland besorgen. Sollte es doch auch endlich in deutschen Amtsstuben zu dämmern beginnen, daß selbst ganz kleine Schulen erfolgreich sein können, wenn sie im Geiste uneingeschränkter Verantwortung vor Gott geführt werden!

Um die hier im Buch erwähnten oder irgendwie mit ihm in Zusammenhang stehenden Personen vor Mißverständnissen zu bewahren, bleiben die Namen entweder unerwähnt, oder sie erscheinen nur mit ihrem Vornamen. Das gilt allerdings nicht für diejenigen, die in wesentlichem Maße Pionierarbeit für die deutschen Hausschulen geleistet haben: Helmut Stücher und seine Familie. Dieser „Fall" ist ohnehin durch die verschiedensten Medien gegangen und hat weite Aufmerksamkeit erregt. Dem Familienvater brachte die eindringliche Beschäftigung mit biblischen Aussagen im Vergleich mit den bedrückenden Verhältnissen an öffentlichen Schulen die geistliche Erkenntnis, daß nur eine christliche Hausschule der Ausweg aus der Schulnot sein könne. Kenntnis davon, daß solche Schulen in anderen Ländern längst erfolgreich arbeiten, erhielt er erst viel später.

Es geht nicht um eine dokumentarische Darstellung in diesem Buch, sonst hätten innere Vorgänge, Erkenntnisse und Meinungen kaum einen Platz. Aus diesem Grunde wird auf Quellenangaben weitestgehend verzichtet, und es kommen nur wenige Dokumente zum Abdruck. Die genaue Kenntnis der Ereignisse und ihrer Hintergründe, aber auch den Einblick in die zeitliche Abfolge verdankt der Verfasser den umfangreichen Unterlagen, die ihm zur Verfügung gestellt wurden, manchen Gesprächen und schließlich der langjährigen Bekanntschaft mit der Familie Stücher.

Das Anliegen dieser Veröffentlichung besteht darin, gelebten und jederzeit vor Jesus Christus verantworteten Glauben als alleingültig und grundsätzlich bindend auch für die Erziehung und Bildung von Kindern vorzustellen und dazu aufzurufen, die notwendigen Schlußfolgerungen zu ziehen, wenn die eigene Lage des Lesers es erfordert. Letztlich geht es darum, Gott die Ehre zu geben, Seinen Namen zu verherrlichen und Seine Macht zu rühmen, die sich auch heute noch denen zu erkennen gibt, die ihr ganzes Vertrauen auf Ihn setzen.

„Preisen will ich den HErrn von ganzem Herzen, verkündigen all deine Wundertaten, ich will deiner mich freun und frohlocken, will lobsingen deinem Namen, du Höchster."
(Ps. 9,1-2 nach H. Menge)

Rolf-Heiko Buyny

Der Tag X

Jeden Augenblick kann die Klingel ertönen, herrisch und ungeduldig. Sie erscheinen meist im Morgengrauen, das ist bekannt. Wenn der Tag kommt und mit ihm das Licht, dann ist es so, als ob manches nicht sichtbar werden dürfe, weil es diesem oder jenem nicht gefällt.

Im geräumigen Wohnzimmer der Vorortstraße sitzen sie an dem langgestreckten Tisch, der Platz bietet für ein Dutzend oder mehr Leute. So viele sind es jetzt nicht. Die kleineren Kinder schlafen noch, ahnungslos über das, was ihre Eltern und die älteren Geschwister innerlich beschäftigt und bedrückt. Es ist etwa halb sieben, aber niemandem ist zum Frühstücken zumute. Im Raum und zugleich in den Herzen der Anwesenden ist etwas, was dringlicher ist als das sonst übliche morgendliche Essen.

In diesem Raum wird oftmals gebetet. Die Gebete aber, die in der Morgenfrühe fünf Tage vor Weihnachten des Jahres 1983 zu Gott emporsteigen, sind ganz besonders innig, anhaltend und voll Vertrauen. Gott kennt die Gedanken eines jeden Menschen, noch bevor er sich selbst darüber bewußt wird. Das betrifft gläubige und nichtgläubige Menschen. Aber nur die gläubigen wissen um Gottes Allmacht, um die Tatsache, daß Er nie zu spät kommt, und auch darum, daß alles, was Gott zuläßt, zu ihrem Besten dient. Dieses Wissen macht zuversichtlich und gibt Trost, den man erleben muß, um ihn begreifen zu können. Je verwickelter die Lage, in der man sich befindet, desto wirkungsvoller der Trost und das Vertrauen, wenn beides wirklich auf Dem ruht, der die Geschicke der Menschen lenkt.

Was die Erwachsenen schon oft im Leben erfahren haben, häufig genug ganz unmittelbar, spüren jetzt auch die Jüngeren in der Familie: Hier ist einerseits eine große Not, aber da ist auch Gott der HErr, der sie wegnehmen kann, wann und wie Er es will. Deshalb sind alle Bitten in dieser Morgenstunde zugleich voll Lobpreis. Lieder lösen Gebete ab. Lob und Dank sollen auch dann gesagt werden, wenn die Not unüberwindbar erscheint, wenn nichts mehr als sicher gilt, wenn alle Stützen weggebrochen sind. Gottes Kinder sagen immer Lob und Dank.

Was war geschehen?

Am 5. September 1983 war den Eltern nach einer Sitzung des Vormundschaftsgerichtes am Amtsgericht für fünf ihrer insgesamt elf Kinder die „Personensorge einschließlich des Erziehungs- und Aufenthaltsbestimmungsrechts" entzogen worden. Zugleich wurde amtlicherseits ein Pfleger zur Wahrung des Sorgerechtes bestellt und verpflichtet. In Anwendung von gesetzlichen Grundlagen, deren Gültigkeit auf einen asozialen Personenkreis zugeschnitten ist, wurde einer intakten Familie etwas auferlegt, was den tatsächlichen Verhältnissen offen Hohn sprach: Weil die Eltern aus Glaubensgründen in Übereinstimmung mit den Aussagen der Bibel ihre Kinder nicht mehr am Unterricht der staatlichen Schule teilnehmen lassen konnten, stempelte man sie zu Außenseitern der Gesellschaft. Seit dem 4. August 1980 hatten sie sich mit Entschiedenheit geweigert, erst zwei, dann weitere drei Kinder noch weiter in die öffentliche Schule zu schicken und hatten begonnen, sie statt dessen zu Hause selber zu unterrichten.

Die Gründe für diesen so entscheidenden Schritt waren vielschichtig. Die Zeit, bis der Entschluß zur Herausnahme der Kinder aus der Schule gefaßt wurde, betrug etwa ein Jahr. Bei steter aufmerksamer Beobachtung der Geschehnisse rund um die Schule bedeutete dieser Zeitraum für die Eltern, in Sonderheit für den Familienvater, einen geistlichen Reifungsvorgang.

Die geistliche Zurüstung

Die Gegend, in der sich die Ereignisse abspielen, ist altes Erweckungsgebiet mitten in Deutschland. Zahlreich sind die Gemeinden, deren Gründung noch in jene Zeit der bewußten und entschiedenen Umkehr vieler Menschen zur biblischen Wahrheit zurückreichen. Daneben findet man neuere und junge Gemeinden ganz unterschiedlicher Prägung und Ausrichtung. Sprach man lange Zeit von einer „frommen" Gegend, so hatte diese Kennzeichnung ihre volle Berechtigung.

Das Wort „fromm" war noch nicht mit dem abwertenden Beigeschmack behaftet, den es heute hat. In der vorreformatorischen Zeit bedeutete es „nützlich" oder „brauchbar", und wenn es auf Menschen bezogen wurde, bekam es den Sinn von „tüchtig, tapfer, rechtschaffen". So verwendete es auch Martin Luther in seiner Bibelübersetzung, beispielsweise in Matthäus 25 im Gleichnis von den anvertrauten Zentnern. Später wandelte sich die Bedeutung und erhielt den Sinn von „gottesfürchtig, gottgläubig", daneben auch noch die Bedeutung von „sanft, leicht lenkbar, gehorsam".

Es handelt sich also um einen Landstrich, wo der Geist Gottes so mächtig an vielen Menschen gewirkt hatte, daß deren Leben völlig umgekrempelt wurde und Gottes Wort in allem Denken, Reden und letztlich auch im Handeln oberste Norm war und es auch lange Zeit hindurch blieb. Wen wollte es wundern, daß es heute damit nicht mehr so weither ist!? In einer Zeit der Umwertung aller überkommenen Wertvorstellungen sind es mitunter gerade sog. strenge Gemeinden, die wegen ihrer erprobten und von ihren Mitgliedern als festen Halt betrachteten Lehre und Gemeindeordnung schleichenden Einflüssen der Zersetzung unterliegen. Ausgesprochene Irrlehren erkennt man recht bald und weist sie mit Entschiedenheit zurück. Unterschwelliges, vermeintlich Harmloses hingegen sickert oft unbemerkt und damit ungestraft ein. Dieses Vorgehen des Satans ist weltweit zu beobachten, und es hat immer wieder und immer mehr Erfolg. Der Sog des Mit-der-Zeitgehen-Müssens ist ungewöhnlich stark und deutet dadurch bereits auf Kräfte, die weit über die übliche Beeinflussung hinausgehen. Auch diejenigen, die in oft regelrecht blindem Vertrauen an der Lehre ihrer Gemeinde festhalten, weil die seit Generationen erprobt ist, sind diesem Zeitgeist gegenüber nur gefeit, wenn sie ständig sich selbst und das an sie Herangebrachte vor Gottes Angesicht prüfen und ggf.dazu Stellung beziehen.

Es ist menschlich sehr verständlich, wenn man festzuhalten versucht, was sich als gut und nützlich erwiesen hat und schon den Vätern und Großvätern Richtschnur war. In vielen Fällen stellen die überkommenen und übernommenen Regeln und Werte ein Höchstmaß an Güte und Zuverlässigkeit dar. Dennoch können Irrtümer und Ungenauigkeiten weitergegeben worden sein, ohne daß jemand sie bemerkt hat. Und es kann etwas eintreten, was viel bestürzender und letztendlich verhängnisvoll ist: die Beibehaltung von Formen unter meist nicht entdeckter Duldung von geringen Änderungen, die den Gehalt der Lehre betreffen. Davor sicher sein können nur diejenigen, die stets wachsam sind und unter der Leitung des Heiligen Geistes alles prüfen und nur das behalten, was wirklich von Gott ist. Wachsam sein kann grundsätzlich jeder, aber die Gabe der Unterscheidung von Richtigem und Falschem in der Lehre haben immer nur einige. Diese Gabe zu erkennen und sich ihr zu stellen, ist nicht unbedingt ein und dasselbe. Möchtegern-Wächter einerseits und solche, die ihre warnende Aufgabe uneigennützig wahrnehmen, weil sie gar nicht anders aufgrund ihrer Worterkenntnis können, auf der anderen Seite, vermag man meist erst auf den zweiten Blick zu unterscheiden. Leicht kann es geschehen, daß man dem unrecht tut, der es nicht verdient hat.

Warner und Mahner sind erfahrungsgemäß unbequeme Leute. Sie erschüttern nicht nur Einzelne, sondern u.U. ganze Gemeinden. Wenn nicht erkannt wird, daß solche Erschütterungen zum allgemeinen Besten geschehen, da bestimmte Positionen völlig festgefahren sind, so ist die Reaktion mimosenhaft empfindlich. Häufig wird der lästige Mahner über kurz oder lang ausgeschlossen. Dabei reicht es mitunter aus, wenn ein oder zwei Verantwortliche eine Gegenposition beziehen, die bedauerlicherweise oft nicht frei ist von geistlichem Dünkel, den man jedoch eher in dem aufmüpfigen Bruder sehen will. In wie vielen Fällen hat man nicht durch einen förmlichen Ausschluß des Mahnenden aus der Gemeinde schnell wieder Ruhe und Ordnung hergestellt! Denn wenn die Mehrheit der Brüder oder gar alle gemeinsam die Rechtmäßigkeit des Beschlusses für gegeben halten, muß er doch wohl richtig sein. Wohl der Gemeinde, aus deren Mitte nach einem solchen Ausschlußverfahren Fragen auftauchen, auch noch lange danach, ob nicht der ausgestoßene Bruder mit seinen Einsichten und Mahnungen doch teilweise oder sogar völlig recht hatte!

Helmut Stücher, das Oberhaupt der Familie, die als erste im Nachkriegs-Deutschland der staatlichen Schulpflicht nicht mehr nachkam, hatte seine gemeindemäßige Heimat bei der „Versammlung", zu der bereits sein Vater gehörte. Es handelt sich dabei um eine Gemeinschaft ohne starre Organisation und ohne jegliche Amtsträger, in deren Zusammenkünften die unmittelbare Leitung durch den Heiligen Geist entscheidend ist. Wer nie an einer solchen Versammlung teilgenommen hat, wird den ungeheuren Ernst auch nicht verstehen können, mit dem hier um Wegweisung gebetet und gerungen wird. Tiefe der Erkenntnis ist nicht eine Frage theologischen Studiums, jedoch immer des Sich-hineinführen-Lassens durch unermüdliche Beschäftigung mit dem biblischen Wort und der ständigen Bereitschaft zum Hören und Gehorchen. Die Wege sind dabei recht unterschiedlich, wie die Erkenntnisgrade in einer Gemeinde unterschiedlich sind. Entscheidend ist nicht die äußere Form der Zusammenkünfte, vielmehr das ständige Bemühtsein darum, Gottes Wort immer besser zu verstehen und mit Kraft und Vertrauen jeden Tag danach zu leben, gerade auch dann, wenn schwierige Lebensumstände Glaubensproben abverlangen. Gelebter Glaube - oft zum bloßen Schlagwort herabgesunken - ist tagtägliche Selbstverleugnung mit immer wiederkehrendem Begreifen, daß wir ohne Gott nichts tun können, mögen wir es auch noch so sehr versuchen. Vorbilder im Glauben und Handeln sind bei einer solchen Lebensführung oft in besonderer Weise hilfreich.

Eine derartige Vorbildrolle nimmt für Stücher dessen eigener Vater ein. Besondere Bedeutung hat dabei ein Ereignis aus der Zeit des beginnenden Nationalsozialismus. Im Jahre 1933, Stüchers Geburtsjahr, hatte der Vater in seinem Wohnort als Einziger nicht an den politischen Wahlen teilgenommen. Die Folge davon war, daß er sich dadurch die Gefolgsleute des Regimes auf den Hals lud. Auch die Glaubensgeschwister der eigenen Gemeinde fielen über ihn her und wollten ihm die Gemeinschaft aufkündigen, denn sie alle hatten ihre Stimme abgegeben. Wie der Vater in seinen Erinnerungen berichtet, bekannte sich Gott nach diesem Wahlboykott zu seinem treuen Zeugen: „Ich war der freieste Mann im ganzen Gau, niemand hat mehr von mir etwas verlangt. Die anderen sagten immer: Wie müssen dies, wir müssen das tun. Ich sagte: Ich brauche gar nichts zu tun."

Gott mehr zu gehorchen als den Menschen, ist oftmals leichter gesagt, als danach gehandelt. Vorbilder im Glaubensgehorsam machen es ein wenig einfacher, ebenso oder doch ähnlich zu handeln, wenn es die Situation erfordert. „Ein Mann mit Gott ist die Majorität", so umriß Stüchers Vater seine Haltung, und der Sohn konnte diesen Ausspruch schon in jungen Jahren immer wieder mit der Wirklichkeit des väterlichen Tuns in Übereinstimmung bringen. Dem Vater gehorsam zu sein, war damals eine Selbstverständlichkeit; sich dessen Glaubensmut zum Beispiel zu nehmen, ist eine Sache, die an keine zeitliche Einschränkung gebunden ist.

1971 fand am Wohnort von Familie Stücher eine Großevangelisation statt. Viele Gemeinden, auch wenn sie mit der Organisation nichts zu tun hatten und an den Vorbereitungen nicht beteiligt gewesen waren, wollten sich ein Bild von dieser Veranstaltung machen, denn schließlich ist Evangelisation ein Grundanliegen jedes Gläubigen und jeder Gemeinde. Die Gemeinde, zu der Stücher gehörte und die sich zuvor um seinen Vater geschart hatte, der zwei Jahre vorher heimgegangen war, beauftragte ihn, die Evangelisation zu besuchen und anschließend darüber zu berichten. Dieser Bericht fiel sehr kritisch aus, denn die Methoden, wie dabei zur Bekehrung aufgerufen wurde, standen für ihn in krassem Gegensatz zu dem, was die Heilige Schrift über die Umkehr zu Gott sagt. Viele der Geschwister gaben Stücher recht. Als er jedoch einen Bericht darüber in der Zeitung veröffentlichte, wandten sich die Gemeindemitglieder gegen ihn: Er habe wohl mit seinen Beobachtungen ins Schwarze getroffen, hätte aber diese Kritik keineswegs in die Öffentlichkeit bringen dürfen. Die leitenden Brüder hatten diese ablehnende Haltung in der Gemeinde regelrecht erzwungen. Sie führte dann folgerichtig zum Ausschluß Stüchers aus dieser Gemeinde.

Dieses zwangsweise Verlassen der bisherigen geistlichen Heimatgemeinde stellt ein Schlüsselereignis für sein weiteres Leben dar, für Entscheidungen, die ihn in seiner Person und in seinem Glauben immer wieder und wieder fordern: die Schulpflichtverweigerung für eine Reihe seiner Kinder und alles damit Zusammenhängende. Aber das geschieht nicht sogleich. Wer sich in eine Gemeinde eingebunden weiß, wer die Gemeinschaft mit Brüdern und Schwestern sowie die mit dem HErrn Jesus Christus als festen Bezugspunkt im Leben braucht, den kann ein Ausschluß nicht innerlich unberührt lassen.

Was hatte er getan? Aus dem Verständnis der Heiligen Schrift heraus waren ihm bei der Evangelisation Dinge aufgefallen, die einfach nicht in Ordnung waren, auch wenn sie mit großer Geste und vielleicht sogar Überzeugung vorgetragen wurden, weil sie einer Haltung entsprachen, die wohl modern, aber deswegen noch keineswegs bibelgemäß war. Hätte man Stücher wegen einer Irrlehre ausgeschlossen oder wegen einer sonstigen Verfehlung, so wäre das lehrmäßig gerechtfertigt gewesen, und er hätte Zeit und Muß gehabt, darüber nachzusinnen und Buße zu tun. Nichts davon galt aber hier, obwohl in der nachfolgenden Zeit die Angelegenheit doch von vielen so gedeutet wurde: Er sei ein Irrlehrer, der sich zur Zeit seines Ausschlusses nur noch nicht eindeutig zu erkennen gegeben habe. Durch die Weiterverbreitung dieser Meinung entstand der Eindruck, daß die Aufkündigung der Gemeinschaft vollkommen rechtens gewesen sei. So wurde dem Ausschluß ein Stempel aufgedrückt, der eine falsche Entscheidung im nachhinein als richtig erscheinen ließ.

So etwas muß verwunden, muß schmerzen! Menschlich gesehen wären Bitterkeit und Gefühle der Trauer verständlich. Stüchers Gebete, daß solches nicht aufkomme möge, wurden vom HErrn erhört. Die Liebe zu den Brüdern, die ihn ausgeschlossen haben, ist nicht erloschen. Auch nach Jahrzehnten ist das Sehnen nach Gemeinschaft mit den Geschwistern ungebrochen; und immer wieder ist er bemüht, den Riß zu schließen, den er nicht zu verantworten hat. So schreibt er z.B. im Herbst 1996 „Ein Wort an meine Brüder!" Darin heißt es u.a.: „Obwohl ich durch die Jahre einen ziemlichen Abstand von den ‚Brüdern' von der ‚Versammlung' gewonnen habe, kann ich sie doch nicht vergessen... Ich leide mit Euch, wenn ich höre, welche Schwierigkeiten und Nöte in Eurer Mitte aufgebrochen sind... Nun habt ihr das Feuer im Haus und könnt es nicht mehr löschen. Ich bin nur froh, daß ich nicht mehr dazwischen hänge..." 40 Jahre sind inzwischen seit Stüchers Ausschluß aus der Gemeinde vergangen.

Damals standen Stücher und seine Familie urplötzlich ohne Gemeindebindung da. Einsamkeit und Wehmut bestimmen nur eine kurze Zeit sein Inneres. Wenn der HErr das alles zugelassen hat, so erkennt er, muß Er etwas Neues mit ihm vorhaben. Gottes Wege sind nicht menschliche Wege, aber oftmals bedingt ein vordergründig gefaßter menschlicher Beschluß eine Richtungsänderung, die nicht vorauszusehen war. Stücher forscht, sofern es berufliche Tätigkeit und familiäre Aufgaben zulassen, gleichsam Tag und Nacht in der Bibel, wobei ihn die prophetischen Schriften wie nie zuvor fesseln. Aber es ist nicht das oft zu beobachtende spekulative Interesse an dem, was da vorausgesagt wird, nicht das Aufrechnen von bereits Erfülltem und noch Kommendem. Das Buch Daniel markiert den Anfang dieser Bibelstudien.

Bei der Beschäftigung mit diesem Propheten sind Fragen nach den Ursachen für den Niedergang unseres Christentums ständig gegenwärtig. Stücher überlegt: Wenn die Bibel zu diesen Problemen Aussagen bereithält, dann müssen sie in den prophetischen Schriften zu finden sein! Vers für Vers nimmt er sich Daniel vor. Der Einzeldeutung folgt die Zusammenschau, mitunter geht er auch den umgekehrten Weg.

Erstaunliches und zugleich Erschreckendes tut sich dabei auf: Der Abfall der Kirche der Nationen und - im zweiten Teil des Buches Daniel - das Heraufkommen finsterer Mächte als Folge dieses Abfalles sowie das Wesen des Antichristen als des Verführers der Heiligen deuten darauf hin, daß sich das alles unmittelbar in der Gegenwart abspielt. Der Antichrist beherrscht bereits die Welt und ist im Begriffe, Gottes Volk in Besitz zu nehmen. Der Antichrist - keine Person, sondern eine Macht, die zwar unsichtbar, aber an ihren Erscheinungsformen und Auswirkungen als verheerend zu erkennen ist?

Bisher hat Stücher den endzeitlichen Widerpart Christi getreu der Lehre der Väter als Person gesehen. Er hatte Schriften über Schriften gelesen, die einzig und allein dieser Deutung verpflichtet sind. Und nun soll der Antichrist sich als eine unbekannte finstere Macht darstellen, nicht als eine sichtbare Person? Diese Entdeckung läßt ihn nicht ruhen, zu neu ist sie. Sollte er sich irren? Ist die Lehre der anderen falsch? Gibt es weitere Beweise für diese neue Erkenntnis?

Da die Schrift sich selber auslegt, müssen Beweise auch in anderen biblischen Schriften zu finden sein, die etwas über die Zukunft der Welt und der Gemeinde aussagen. Was wird das Ende von dem allen sein, was sich dem einsamen Bibelleser hier auftut? Das Schreckliche steht ihm deutlich vor Augen, und es erschüttert ihn. Er muß Klarheit gewinnen und das so bald wie möglich.

Stücher drängt es zum letzten Buch der Bibel, der Offenbarung des Johannes, die aber die Offenbarung des HErrn Jesus Christus selber ist. Neben dem unwiderstehlichen Wunsch, in dieses geheimnisumwitterte Buch einzudringen, ist aber auch Furcht vorhanden, eine Furcht, die einmal das betrifft, was sich beim Durcharbeiten auftun wird, zum anderen bezieht sie sich auf das Eindringen in etwas, was ohne immer neues Befragen von Auslegungen älterer und neuerer Zeit einfach tabu ist. Gegen die bisherigen Deutungen anzulesen, ist somit ein Wagnis, gleichzeitig aber auch Notwendigkeit.

Schon beim Durchforschen des Buches Daniel hatte Stücher Sekundärliteratur herangezogen, die ihm jedoch keine Antwort gab auf die drängenden Fragen unserer Zeit. Sollte er nochmals den Versuch wagen, jetzt bezüglich der Auslegung der Offenbarung?

Er beschreitet einen vollkommen neuen Weg, den viele, vielleicht sogar sehr viele bis heute nicht nachvollziehen können oder wollen: Er betrachtet die Offenbarung geistlich! Erklärende Literatur verwirrt nur, weil sie spekulativ ist, Politisches und Menschliches einbezieht und ggf. vermischt. Stücher ahnt, wie sehr er sich innerlich von den Brüdern entfernt, ja entfernen muß - und das ist keineswegs leicht für ihn.

„Meine erste große Entdeckung ist", so schreibt er dem Verfasser dieses Buches, „daß die sieben Sendschreiben ihr Vorbild in der charakteristischen Geschichte Israels, die in sieben Teile zerfällt, haben. Von den Vorbildern im AT her fällt auch Licht auf die Siegel, Posaunen, Plagen. Die Weissagungen der Propheten, insbesondere Daniels und Hesekiels, erleuchten mir eindeutig, was das Tier, das Bild und Babylon sind."

Er liest die Offenbarung immer wieder, bis er sie beinahe auswendig kennt. Sie ist sein Lieblingsbuch in der Bibel; und Jahre hindurch gibt es für ihn nur eine einzige Lektüre: Die Heilige Schrift. Es wird in unseren Tagen nicht allzu viele Menschen geben, die das für sich in Anspruch nehmen können.

Nichts anderes zu lesen als die Bibel - das nötigt Respekt ab, weckt aber auch bei dem einen oder anderen möglicherweise den Wunsch, es ähnlich zu tun. Oder gibt es vielleicht auch solche, die eine derartige Bibeltreue für längst überholt und weltfremd halten?

Ständig kreisen Stüchers Gedanken um die Offenbarung. „Ich weiß jetzt", um das obige Zitat wieder aufzunehmen, „was Babylon, die große Hure, ist: Es ist das verweltlichte Christentum, quer durch alle Kirchen und Gemeinden. Gottes Volk ist in Babylon durch falsche Lehren und vor allem die falsche Prophetie gefangen, aber ein treuer Überrest darin sehnt sich nach Erlösung, der Weg ist frei nach Jerusalem zurück." Das sind wunderbare und zugleich beklemmende Erkenntnisse für ihn. Er sieht die Wiederherstellung der Gemeinde als Gottes Israel in einem neuen Jerusalem, nachdem Babylon und das Tier gerichtet sind.

Wenn jemand Neues entdeckt, ist er meist ganz einsam. Er hat sich zu fragen, ob es tatsächlich etwas Neues ist, ganz oder wenigstens teilweise. Er hat zu prüfen, ob er nicht womöglich Irrtümern unterliegt oder etwas hineinlegt, was gar nicht darin ist. Stücher hält sich an das Evangelium, in dem das Gesetz und die Propheten erfüllt sind. Das ist die einzig verbindliche Richtschnur. Er bekennt später: „Ich kann zu keiner anderen Überzeugung kommen, man hat mich auch nicht mit der Schrift widerlegen können. Jahre später bekomme ich die Bestätigung von evangelischer Seite, daß ich diesbezüglich in Übereinstimmung bin mit den Kirchenvätern, den Reformatoren und allen Männern der Erweckungsbewegungen." Seine Sicht vom Reich Gottes und davon, was das wahre Volk Gottes ist, verbindet ihn heute mit vielen Freunden im Lande, die sich dem reformatorischen Erbe verpflichtet wissen. Auch mit Mennoniten in Nordamerika ist er durch die Heimschule und das gleiche Schriftverständnis eng verbunden. Und Menschen, die vor zwanzig Jahren böse auf Stüchers Ansichten und Traktate reagierten, geben ihm heute oft recht, weil der jetzige Zustand der Gemeinden ihnen endlich die Augen geöffnet hat.

Es gibt zwei Möglichkeiten, neu Erkanntes zu behandeln: Man behält es für sich, um es vielleicht noch zu prüfen und erst zu einem späteren Zeitpunkt anderen mitzuteilen; oder es drängt einen, andere unmittelbar zu unterrichten, sie aufzuklären, sie zu warnen, wenn es sich um buchstäblich lebenswichtige Dinge handelt. Scharlatane und Profitsüchtige mögen „Erkenntnisse" auch aus sehr eigensüchtigen Gründen an die Öffentlichkeit bringen, aber wohl sehr rasch wird man ihnen auf die Schliche kommen, meist jedenfalls. Wer tatsächlich auf die Straße geht, um andere auf bestimmte Sachverhalte hinzuweisen, läuft grundsätzlich Gefahr, verlacht zu werden oder Angriffe mit Worten oder auch mit Fäusten zu erleiden. Steht man auf gesichertem Erkenntnisboden, wird man das hinnehmen können.

Sich mit seinen Erkenntnissen zu verkriechen, ist nicht der Weg Stüchers, schließlich sind es Erkenntnisse aus Gottes Wort, die weitergegeben werden müssen. Er kann nicht anders, er muß an die Öffentlichkeit, mag die darüber spöttisch lächeln oder es einfach ignorieren. Er verfaßt Traktate mit dem dringenden Aufruf, den wirklichen Antichristen zu erkennen und aus Babylon hinauszugehen. Diese Schriften verteilt er, unter Mithilfe von Familienmitgliedern, in der Stadt und im Umkreis, bei großen Veranstaltungen mit christlichem Gepräge und bei sonstigen Gelegenheiten. Dadurch wird er nicht nur in der ganzen Gegend bekannt, er trifft auch auf zum Teil völlige Unwissenheit über Gottes Regierung und über den biblischen Heilsweg. Unwissenheit läßt sich recht schnell beheben, Unverstand kaum.

Viele reagieren, wie erwartet, auf die überreichten Schriften abweisend, manche hochfahrend und voller Spott. Selbst vor Handgreiflichkeiten schreckt man nicht zurück. Geht es in der Welt, bei weltlichen Angelegenheiten anders zu?! Spott und offener Hohn lassen sich ertragen, wenn man weiß, auf sicherem Boden zu stehen in dem, was man zu sagen hat. Blindheit und völliges Unverständnis jedoch machen die Seele krank, wenn man ansehen muß, wie andere in Scharen in die falsche Richtung rennen. Stücher ist manchmal verzweifelt, im Verborgenen schämt er sich seiner Tränen nicht. Nach außen aber erscheint er hart und streng, für manche auch unduldsam und besserwisserisch. Einem Menschen in sein Inneres sehen zu können, es zu beurteilen, ist in letzter Hinsicht Gottes Angelegenheit. Manch einer hat jedoch aufgrund seiner Lebenserfahrung Menschenkenntnis genug, um eine Ahnung zu bekommen, was in einem anderen vor sich geht. So trifft Stücher denn auch immer wieder auf Menschen, die seinen Dienst verstehen und ihn im Gebet unterstützen. Die Gemeinschaft mit wirklichen Brüdern im Geiste des HErrn Jesus Christus steht als Wunsch ständig vor seinen Augen, wobei er in Sonderheit an die denkt, die ihn verstoßen gaben.

Neben dem Traktatdienst im engeren Lebensraum sieht er es als weitere unaufschiebbare Aufgabe an, zusammen mit seiner Familie, durch ganz Westdeutschland zu reisen, um vor und in Schulen zu missionieren. Mit Zug und Zelt als Zeuge für Gottes Zukunft - so kann man diese Jahre umschreiben. Er erhält Gelegenheit, auch vor Schulklassen zu sprechen, erfährt aber andererseits genügend Ablehnung und Beschimpfungen. Die Begegnung mit vielen Christen aus unterschiedlichsten Gemeinden stärkt und bereichert ihn innerlich. „Eine schöne Zeit" ist das für ihn und die ihn begleitenden Familienangehörigen, wobei das Mitziehen und Mittragen seiner heranwachsenden Kinder besonders beglückend für ihn ist.

Wesentlich sind jene Eindrücke, die ihm die Schulsituation näherbringen: die Art des Umganges der Schüler untereinander oder mit Lehrern bzw. anderen Erwachsenen, Fragen der Disziplin, die Verwahrlosung in Sprache und Kleidung, die Schülerargumentation auf dem Boden dessen, was man ihnen beibringt und was oft genug weit von der Wahrheit entfernt ist. Diese vielfältigen Erfahrungen, Einblicke und Begegnungen spielen hernach eine wesentliche Rolle, als Stücher nicht mehr anders kann, als - in völliger Einmütigkeit mit seiner Ehefrau - seine eigenen Kinder von diesem Schulsystem fernzuhalten.

Außer dem Verteilen von Traktaten und der Schulmission sprechen noch andere Erfahrungen auf dem Wege zur Herausnahme seiner Kinder aus der staatlichen Schule mit. Der zwangsläufige Einzelgänger, der zum Einzelkämpfer wird, weil der HErr ihn so führt, versucht ganz gezielt, in verschiedenen Gemeinden Beziehungen zu Brüdern herzustellen, um vor einem größeren und möglicherweise aufgeschlosseneren Kreis über die Wahrheiten der biblischen Prophetie sprechen zu können. Vor dem unheilvollen Gift schleichender oder schon recht offener Verführung muß einfach gewarnt werden. Von drei derartigen Versuchen ist hier zu berichten.

Ein Bruder aus der Landeskirche, den er bereits kannte, lud ihn eines Tages spontan zur Bibelstunde ein. Stücher sagte zu und fand sich in der Betrachtung der Offenbarung wieder. Üblicherweise würde man so etwas als „Zufall" bezeichnen, wenn man nicht weiß oder nicht wissen will, daß alles in unserem Leben von unsichtbaren Händen wohl geordnet wird. Mit den anwesenden Brüdern ist rasch ein guter Kontakt hergestellt, der Pfarrer, der auch zugegen ist, hält sich in der Betrachtung gänzlich zurück. Nach einigen Abenden stellt Stücher fest, daß er, ohne es gewollt zu haben, die Gesprächsrunde leitet: Mehr und mehr richten sich die Fragen an ihn, und er beantwortet sie, gibt das weiter, was der HErr ihm aufs Herz gelegt hat. Mehr und mehr nehmen auch Jugendliche an den Bibelstunden teil, weil ihnen die Zukunft der Welt auf den Nägeln brennt und sie wissen wollen, was die Bibel dazu sagt. Der leitende Presbyter ist dagegen nicht begeistert, daß seine Führungsaufgabe gewissermaßen beendet und er zum bloßen Zuhörer degradiert worden ist. Wo versteckte oder offene Eifersüchteleien vorhanden sind - das gilt in gleichem Maße für weltliche wie für christliche Angelegenheiten -, geht es selten ohne Zerwürfnisse ab. Erst wird hinter den Kulissen gekämpft, dann mit offenem Visier auf vorderster Bühne. Der Pfarrer und einige Teilnehmer der Bibelstunden versuchen, den Presbyter zu beruhigen und ihm die Wichtigkeit des Dienstes von Stücher zu verdeutlichen. Doch vergeblich: Eines Tages erklärt dieser Mann, daß Stücher nicht mehr zu den Bibelstunden kommen solle. Viele bedauern das, die Entscheidung bleibt jedoch bestehen. Menschliche Eifersucht oder Mächte, die sich eines Menschen für ihre Zwecke bedienen?

Fall zwei spielt in einer anderen Gemeinde der Stadt. Stücher nimmt an einem Bibelgespräch teil und wird freundlich aufgenommen. Man behandelt den Epheser-Brief des Apostels Paulus, den Lieblingsbrief des neuen Teilnehmers. Er berichtet selber: „Schon am zweiten Abend hörte man mir interessiert zu und richtete Fragen an mich. Doch dem alten Leiter gefiel es offensichtlich nicht, daß sich das Gespräch um mich drehte. Er machte seinem Ärger offen Luft. Nach dem vierten Besuch verwehrte er mir den Zutritt. Einige Brüder protestierten dagegen, aber er ließ sich nichts sagen. Ein Bruder sagte mir: Sie haben die Wahrheit; aber mit unserem Vorsitzenden haben wir selbst Schwierigkeiten." Eifersucht auch hier oder Eingespanntsein für unbekannte Mächte?

Einige Zeit danach verteilt Stücher Traktate während einer Evangelisation. Er trifft auf einen Kapitän der Heilsarmee, der ihm versichert, er denke genauso in diesen Dingen. Es folgt die Einladung zur Bibelstunde. Später besuchen sich die Familien gegenseitig und nehmen an den jeweiligen Gottesdiensten teil. Die Beziehungen zueinander sind gut und sehr freundschaftlich. Während einer Bibelstunde kommt es schließlich zu einer bezeichnenden Szene: Die Frau des Heilsarmee-Offiziers fährt ihrem Mann über den Mund, indem sie sagt: „Sei du jetzt ‚mal still, der Bruder weiß mehr als du!" In der darauffolgenden Bibelstunde erhält Stücher Redeverbot. Wer will, mag sich die Frage erneut stellen, die in den beiden anderen Fällen den Abschluß bildete.

Diese drei geschilderten Erlebnisse sind ausreichend, keine weiteren Gemeindebesuche mehr vorzunehmen. Der Geist, der die Gemeinden beherrscht, ist der des Tieres der Offenbarung. Wer von der Wahrheit Zeugnis ablegt, stößt auf Widerstand und wird hinausgestoßen. Wer von der Liebe Gottes redet und alle Warn- und Gerichtsworte vermeidet, wer den Finger nicht auf wunde Stellen legt und kopfnickend all das Gesagte bejaht, der ist immer willkommen und darf die Gemeinde verstärken, die mit offenen Augen nicht wahrnimmt, wohin das Gemeindeschiff bugsiert wird. Wehe aber dem Querulanten, der wider den Stachel löckt!

Wenn die Lage in vielen christlichen Gemeinden schon von Selbstgefälligkeit, dem Verstecken von biblischen Wahrheiten und Unduldsamkeit gekennzeichnet ist, wie muß es da erst in den übrigen Bereichen unseres Lebens aussehen?! Stücher sieht buchstäblich das Tier immer deutlicher hervortreten, so wie einst David den Goliath sich brüsten sah und dessen Lästerworte hörte. Die Veränderungen sind überall spürbar und für einen nicht schon völlig abgestumpften Menschen oft wie mit Händen zu greifen. Dumpf und ergeben nehmen es die einen hin, andere suhlen sich regelrecht mit größtem Behagen in unzähligen Angeboten von Perversität und Zerstörung; und nur eine kleine Anzahl steht dagegen auf, wohl wissend, daß sie aus eigener Kraft wenig oder gar nichts vermag.

Nicht nur Gläubige kämpfen gegen diese Erscheinungen, es gibt auch Idealisten ohne Bindung an das Christentum, die gegen die Verfallserscheinungen unseres Volkes und weltweit mit Entschiedenheit auftreten und Geld und Gut opfern, damit das Schöne und Gute, die Werte der Vergangenheit wieder in den ursprünglichen Stand erhoben werden. Schöndenker und Schöngeister haben andere Beweggründe ihres Kampfes als Gläubige, die mit ihnen schließlich und endlich nicht am gleichen Strang ziehen können, selbst wenn man manche Wegstrecke gemeinsam zurückgelegt hat, denn dahinter verbirgt sich oft genug Materialistisches und Humanistisches, was die Seele anders gefährdet als krasser Atheismus und das unverhohlene Zerstören überkommener Werte. Das Tier bleckt seine Zähne, reißt den Rachen auf, es speit Gift und Galle - viele würden voller Entsetzen vor ihm fliehen, wenn sie es so erkennen würden. Da es sich jedoch außerordentlich geschickt getarnt hat, erscheint es den meisten als zahm und friedfertig, als angenehmer Hausgenosse. Und ganz besonders Kinder finden es lieb und begehrenswert, und sie spielen mit ihm.

Erkenntnisse aus der biblischen Prophetie

Seit eh und je erfahren prophetische Aussagen der Bibel unterschiedliche Deutungen, wobei jede gern für sich in Anspruch nimmt, die allein richtige zu sein. Für alle Auslegungen gilt jedoch ein Grundsatz, der oft beiseite geschoben wird, um den eigenen Erklärungsversuchen nicht im Wege zu stehen, der aber desungeachtet biblische Weisheit ist: „Ihr müßt euch vor allem darüber klar sein, daß keine Weissagung der Schrift eine eigenmächtige Deutung zuläßt, denn noch niemals ist eine Weissagung durch menschlichen Willen ergangen, sondern, vom heiligen Geist getrieben, haben Menschen von Gott aus geredet." (2. Petrus 1,20f., nach Menge). Das bedeutet, daß die Bibel sich letztlich selber auslegt: Alttestamentliche Texte erklären solche aus dem Neuen Testament und umgekehrt.

Wird dieser Bibelgrundsatz beachtet, so ist die Gefahr von Fehldeutungen weitaus geringer, wenn zudem das auf diese Weise Erkannte immer wieder geprüft und mit den Gegebenheiten verglichen wird, ohne diese entsprechend zurechtzubiegen, damit das Bild trotzdem stimmt. Zu sagen ist ferner, daß jede Deutung in letzter Konsequenz unvollkommen bleiben muß, weil sie göttliche Voraussagen in menschlich verständliche Sprache und Vorstellungen umzusetzen versucht und daher bruchstückhaft erscheint. Solche Deutungen sind Annäherungen an die göttliche Gesamtschau, wobei es allerdings erhebliche Unterschiede gibt, was die Treffsicherheit der Aussagen anbelangt. Je demütiger sich der Deutende vor der Weisheit Gottes bückt und um Durchblick ringt, desto näher wird er vermutlich dem wirklich Gemeinten kommen. Es ist auch durchaus möglich, daß ganz unterschiedliche Deutungen richtig sind, wenn sie lediglich Einzelgesichtspunkte herausgreifen oder von verschiedenen Blickrichtungen an die Sache herangehen. Das Gesamtbild in seiner Richtigkeit und Vollständigkeit kann und wird erst die Ewigkeit erschließen.

Das Tier aus Offenbarung 13 erklärt sich für Stücher mit Daniel 7. Die vier schrecklichen Tiere des alttestamentlichen Propheten sind Bestandteile des Tieres der Offenbarung: Die Hörner kommen von dem letzten Tier, das keinen Namen hat, aber entsetzlicher ist als die drei vorgenannten und zusätzlich zehn Hörner trägt, zwischen denen ein kleines Horn hervorschießt. Der Körper ist der eines Panthers (in anderen Übersetzungen auch „Pardel" genannt), der bei Daniel das dritte Tier darstellt. Vom zweiten Tier stammen die Bärenfüße, und schließlich erkennt man das Löwenmaul des ersten Tieres. Die sieben Köpfe, die das apokalyptische Tier trägt, sind eine Anspielung auf die Häupter der sieben Gemeinden aus Offenbarung 2 und 3. „Das Tier konnte nur hochkommen, weil die sieben Engel der Gemeinden gefallen sind und dadurch die Kirche mit auf den Boden der Welt herabgezogen haben. Daher auch die ‚zehn Hörner', welche geistige Machthaber versinnbildlichen", schreibt Stücher in einer Veröffentlichung. Die Zahl zehn bedeute, daß jede geistige Macht der Welt an und in dem Tier zu finden sei, die sich wiederum durch die Wortendung „ismus" zu erkennen gäbe: Rassismus, Hedonismus, Materialismus, Atheismus, Radikalismus, Okkultismus, Liberalismus usw. Die Anzahl der „-ismen" ist dabei nicht von Wichtigkeit, vielmehr handelt es sich um die Gesamtheit der geistigen Mächte, die der Zerstörung der gottgewollten Persönlichkeit möglichst vieler Menschen dienen. „Im Anfang brachte es (das Tier) die Massen durch Terrorismus in Bewegung, heute fasziniert es durch Modernismus, und am Ende herrscht es mit Anarchismus." Das wurde 1980 geschrieben. Inzwischen stecken wir längst in dem weltweiten Anarchismus, vor dem viele nicht nur hilflos dastehen, sie haben auch keinerlei Vorstellung, wie es dazu kommen konnte.

„Das Tier ist der anonyme Sozialismus im Bereich der Westkirche in seiner letzten Gestalt und Wirklichkeit. Er stieg vor mehr als 150 Jahren aus der Welt auf und hat unserer Zeit das Gepräge gegeben. Die Entwicklung der abendländischen Christenheit ist wesentlich durch ihn bestimmt worden", heißt es in Stüchers Veröffentlichung „Der anonyme Sozialismus - seine Gewalt und Verführung im Lichte des prophetischen Wortes der Bibel". Das Tier wurde von Gott geschaffen, der auch die großen Seeungeheuer ins Leben rief. Was Gott geschaffen hat, ist gut; aber es kann ins Gegenteil verkehrt werden, wenn es unter den Einfluß des Satans kommt. Wenn Gott nicht mehr die entscheidende Stellung im Leben des Einzelnen einnimmt, gewinnt das Böse bald mehr und mehr Möglichkeiten des Eindringens, bis es zuletzt offen triumphiert.

Die Kraft der Kirche, ihr Zeugnis erlahmen mehr und mehr. Ab 1933 gerät sie unter den Einfluß der Hakenkreuz-Ideologie, die 1945 zusammenbricht und damit das Tier, der Nationalsozialismus. Der Sozialismus ist aber keineswegs tot. Seine anderen Spielarten stürzen sich seither auf den Nationalsozialismus und verdammen ihn als alleinige Ursache für die Misere, in der Deutschland und die Welt stecken. Die nationalsozialistischen Hörner des Tiers wurden abgeschlagen.

Stücher erkennt: „In Daniel 7 sehen wir zwischen den zehn Hörnern noch ein ‚kleines Horn' aufsteigen, und drei von den ersten Hörnern wurden vor ihm ausgerissen. Sein evangelischer Kopf im Lande der Reformation wurde schwer verwundet. Die ersten drei Hörner waren national bedingt, z.B. Patriotismus, Faschismus, Rassismus. Diese standen dem kleinen Horn für seinen Internationalismus im Wege. Seitdem spielen sie nur noch eine untergeordnete Rolle. Das Tier erholte sich aber wieder ... Es kehrte zur Demokratie zurück und wurde international."

Vor diesem wiedererstandenen Tier ist nichts und niemand verborgen. Macht und Größe des Menschen und die Leistungen seines Geistes werden von ihm gefeiert und überragen alles andere. Auf jedem Gebiet des Lebens sind die Auswirkungen der Vergötzung menschlicher Leistung wahrnehmbar, der christliche Bereich ist dabei nicht ausgenommen. Derjenige hingegen, der dem Menschen den Geist gab, muß mehr und mehr in den Hintergrund treten und wird allenfalls zu einer Worthülse: Gott selber.

Das Tier, der anonyme Sozialismus, hat Kraft und Leben zurückgewonnen. Nach dem zweiten Weltkrieg wirkt es zunächst durch den Materialismus, der aus Amerika importiert wird. Seine „eisernen Zähne" zermalmen alles das, was bis dahin als wertvoll und unumgänglich für den inneren Menschen galt: moralische und geistige Werte jeder Art. Der Materialismus, der Konsumrausch, tritt alles andere in den Staub. Dieser Wesenszug des Tieres ist nach wie vor deutlich zu beobachten; auch Jahrzehnte einer solchen Entwicklung haben die Gier der Menschen nach immer mehr Wohlstand und ständigen Lusterlebnissen nicht eindämmen können.

Es kommt ein weiteres Kennzeichen des Tieres hinzu: Der Pluralismus, der ganz eng mit der Demokratie verflochten ist. Der Panther, das dritte Danielsche Tier, trägt vier Flügel auf seinem Rücken und hat vier Köpfe, und es besitzt Macht, die es unverfroren auskostet. Stücher erklärt den ersten Kopf des Tiers mit der Demokratie, der es - anders als jeder anderen Staatsform - gelingt, auch die Seele der Menschen unter ihre Herrschaft zu zwingen, in den meisten Fällen, ohne daß diese davon überhaupt etwas ahnen.

Der zweite Kopf des Panthers versinnbildlicht die Demokratie im Raum der reformatorischen Kirchen. Obgleich die Bibel das Prinzip der Demokratie nicht kennt, sind die kirchlichen Gemeinden damit durchseucht. Was eine Mehrheit will - etwa im Kirchenvorstand oder bei Gemeindeversammlungen -, wird entscheidend, selbst wenn es im Widerspruch zur Heiligen Schrift steht. Stimmrecht besitzt jeder, der dazugehört, ausgenommen der Heilige Geist. Die Gemeinde der Heiligen ist zu einer Farce geworden. Mehrheitsbeschlüsse gelten, aber selten das, was bibelgemäß dem letzten noch verbliebenen Gläubigen die Augen öffnen müßte über das völlige Abdriften des Gemeindeschiffes: Segnung homosexueller oder eheähnlicher Verbindungen, das Aufgeben von Glaubenswahrheiten wie die Errettung allein durch den Glauben aus Gnade, Frauen lehrend auf der Kanzel oder sogar im Bischofsgewand u.a.m.

Des Panthers dritter Kopf hat nicht nur seine Nase in der Schule, er steckt vollständig darin, denn es geht darum, vielfältige Aufgaben dort zu erfüllen. Diese verheerenden Einflüsse, die dieser Kopf zu verantworten hat, veranlaßten Stücher bereits 1980, seine Kinder diesen Beeinflussungen zu entziehen, indem er sie nicht mehr am Unterricht der staatlichen Schule teilnehmen ließ. Was damals viele - und heute noch entschieden mehr - gewissermaßen ohnmächtig mitansahen, ohne sich Rechenschaft über die Ursachen abzulegen, ließ den Vater der Kinder aktiv werden und nach einem gangbaren Ausweg aus dem Elend suchen.

Nach anfänglich offenen Bestrebungen bei heruntergeklapptem Visier hat der Sozialismus längst seine Taktik geändert, weil er dadurch viel leichter und nachhaltiger seine Machtziele erreichen kann. Die „antiautoritäre Erziehung", von der viele annehmen, sie sei längst ausgestorben, ging radikal, ja brutal zu Werke und verprellte damit viele, die mit Schule zu tun hatten. Um das Entstehen einer starken Widerstandsfront zu verhindern, entschied man sich alsbald für die

Tröpfchen-Methode, die das Gift in nur kleinen Mengen einfließen läßt, dessen Wirksamkeit aber ständig steigert.

Alles, was mit Gott zu tun hat, was heilig ist, wurde erst hinterfragt, kritisch beleuchtet, dann entmythologisiert und schließlich offen abgelehnt und frech gelästert. Der Religionsunterricht in den Schulen hat dazu einen erschreckenden Beitrag geleistet und setzt sein Zerstörungswerk unverdrossen fort. Die Leugnung der Schöpfung Gottes und der Ersatz durch die sog. Abstammungslehre gehören inzwischen zum Allgemeingut des Unterrichts bis hinauf zu den Hochschulen. Die Zerstörung des Schamgefühls und die grenzenlose Verrohung der Sprache durch die Sexualaufklärung gehören ebenso hierher wie die offene Auflehnung gegen Eltern und Lehrer und letztlich gegen jede Form von Obrigkeit. Die Wegbereiter all diesen Vorgehens sind bekannt, und doch ist es traurige Tatsache, daß viele Eltern sich einfach damit abfinden, daß die Schule so geworden ist. Falls die Eltern nicht längst resigniert haben, beklagen sie zwar die Verhältnisse, vermögen aber kaum noch Kraft zum Kampf dagegen aufbringen. Eine Minderheit setzt ihre Hoffnung auf die immer zahlreicher werdenden christlichen Bekenntnisschulen, die in vieler Hinsicht Werte bewahren, aber letztlich doch ein Arrangement mit dem dritten Pantherkopf getroffen haben.

Der vierte Kopf des Tieres ist in den Elternhäusern zu finden. Dabei geht es besonders um die christlichen Familien, denn in den anderen sind die Auflösungserscheinungen schon seit langem sichtbar. Die Autorität des Vaters wird angezweifelt oder unumwunden abgelehnt; die Kinder bestimmen mit oder geben grundsätzlich die Richtung an, nachdem sich die Mutter in ihrer Rolle als Frau ohnehin bereits emanzipiert hat und freiwillige Unterworfenheit unter den Willen des Mannes günstigstenfalls nur belächelt. Ein vertrauensvolles Verhältnis zwischen Eltern und Kindern ist ein Ärgernis, die Auflösung der Familie das erklärte Ziel. Auch gläubige Eltern strecken vor diesen immer dreister werdenden Ansprüchen des viertes Tierkopfes oft genug die Waffen, geben nach, um vermeintlich zu retten, was vom häuslichen Frieden noch geblieben ist - und müssen dann ohnmächtig mitansehen, wie die Rebellion der Jungen gegen die Älteren trotzdem alle Schranken zerbricht.

Der Bär, Daniels zweites Tier, mit den drei Rippen im Rachen und aufgefordert, viel Fleisch zu fressen, ist auf der einen Seite religiös, auf der anderen lüstern und genußsüchtig. Unmoral und Schamlosigkeit sind zu einer Flut angeschwollen, die es nie zuvor gegeben hat, zumindest nicht nach der Sintflut. Nacktes Fleisch gibt es an Badestränden und zu jeder Jahreszeit in den Medien in Hülle und Fülle. Anfangs erhoben sich wahre Entrüstungsstürme gegen die Unmoral der Medien, die das wiederum verkrafteten wie ein Dickhäuter einen Stich mit der Stecknadel. Papier für Leserbriefe und Ohren in den Telefonzentralen der Medienanstalten sind geduldig. Werbung und Mode wurden in die Kampagne zur Steigerung der Lüsternheit einbezogen. Massenveranstaltungen mit seelenzerstörender „fetziger" Musik werden zu Orgien, wo inbesondere Rauschgift so alltäglich wie die Coladose ist.

Die drei Rippen im Maul des Tieres lassen darauf schließen, so Stücher, daß es bereits drei Menschen gefressen hat: den geistlichen, den christlichen und den Menschen, der aus seiner Natur heraus ehrlich und anständig ist.

Dem ersten Tier des Propheten Daniel, einem Löwen mit Adlersflügeln, wurde ein menschliches Herz gegeben, nachdem es wie ein Mensch auf seine Füße gestellt worden war. Was hat das zu bedeuten?

Der Sozialismus der Nachkriegszeit hatte recht menschliche Züge. Im Grundgesetz der Bundesrepublik Deutschland wurden Glaubens- und Gewissensfreiheit verankert. Die Ehrfurcht vor Gott und die Achtung der Würde des Menschen waren übergeordnete Erziehungsziele in den Schulen. Diese Duldsamkeit schien großzügig und gut zu sein. Deutschland war damals noch nicht mit Millionen Menschen fremder Religionen und Kulturzugehörigkeit überschwemmt, und das Evangelium konnte sich ungehindert ausbreiten, so daß die Gemeinden aufblühten. Solange die materialistische Gesinnung nicht oder kaum in den Gemeinden spürbar war, gab es Ruhe und Frieden und geistliches Wachstum. Der um sich greifende Wohlstand machte schläfrig und ließ sie innerlich verarmen. Neid und Streit drangen selbst in die Brüderkreise ein. Diejenigen, die diese Zeichen erkannten und dagegen aufstanden, wurden vielfach als unbequeme Zeitgenossen vor die Tür gesetzt.

Die Menschenfreundlichkeit des Tieres, der Humanismus, gilt nur so lange, bis die eigentlichen Ziele durchgesetzt werden können. Dabei spielt die Indoktrination der Schule als tragender Einrichtung des Staates eine herausgehobene Rolle. Wer sich gegen die verordneten Erziehungsziele stellt, weil es ihm Gewissensbedenken und Glaubensüberzeugungen gebieten, hat das Löwenmaul unmittelbar zu fürchten: Er wird mundtot gemacht, Hohn und Spott ergießen sich über ihn, und ggf. werden Zwangsmaßnahmen gegen ihn ergriffen. Das gilt für Eltern und Schüler einerseits wie andererseits für Lehrer oder andere, die mit der Institution Schule zu tun haben. Von Menschenfreundlichkeit und verstehendem Miteinander ist dann keine Spur mehr zu entdecken.

Stücher schreibt: „Das erste Tier hat, mit Bibelworten im Munde, den Boden dafür geschaffen, daß man unter dem zweiten Tier huren kann und im dritten herrschen darf, aber mit dem vierten Reiche untergehen wird... Zusammen stellen sie jene Gott und den Heiligen feindliche Macht der letzten Tage dar, die wir als den anonymen Sozialismus des Westens erkennen, allgemein ‚Zeitgeist' genannt."

Wir werden sehen, mit welcher Deutlichkeit und Wildheit sich dieser Zeitgeist besonders im Raum der Schule austobt, die grundlagenbildend und prägend für das ganze Leben eines Menschen ist. Die Aufgabe jedes Gläubigen besteht darin, das Tier bei Gott und den Heiligen, also den vorbehaltlos Gottes Wort Glaubenden, anzuklagen. Je mehr Beweismaterial vorliegt und je wachsamer die Bibelgläubigen dem Zeitgeist gegenüber sind, desto eher kann Gott das Tier richten. Ohne Verfolgung der wahren Gläubigen wird das nicht ablaufen. Die aber wissen, daß, wer sich an den Heiligen vergreift, den Augapfel Gottes antastet (Sacharja 2,8). „Schrecklich ist es, dem lebendigen Gott in die Hände zu fallen." (Hebräer.10,31). Das sollten nicht nur Gläubige wissen!

Zustände an öffentlichen Schulen

Betrat man 1980 eine öffentliche Schule und vergleicht man die damaligen Eindrücke mit denen etwa 30 Jahre später, so hat sich äußerlich nicht allzu viel verändert. Daß es auf einem Schulhof laut zugeht, war auch vor 60 oder viel mehr Jahren der Fall. Kinder müssen und sollen sich vom Unterricht erholen, frische Luft einatmen, die Glieder recken und strecken und einfach Freude am Spielen und Herumlaufen haben. Kinder haben einen großen Bewegungsdrang, und dem muß nachgegeben werden.

Sieht man ein wenig genauer hin, so erkennt man erhebliche Unterschiede zu jener für viele unbeschwerten Zeit, als Kinder einfach Kinder sein durften und nicht Zielobjekte von Werbung, Konsum und Schlimmerem.

Wenn das Wetter nicht gerade trocken und warm ist, so daß dieses Kleidungsstück zu lästig ist, findet man fast durchweg Hosen, vielerorts ganz ohne Ausnahme, auch bei Mädchen, angefangen bei denen, die gerade dem Kindergarten entwachsen sind, bis hinauf zu jenen, die eine Abschlußklasse besuchen. Die aufsichtführenden Lehrerinnen bilden keine Ausnahme: Hosen, wohin das Auge blickt, meist blau und verwaschen, knitterig und ausgefranzt, abgeschnittene, löchrige, mit Flicken versehene.

An den Füßen Turnschuhe, die nur selten den unteren Preisklassen angehören, weil sonst womöglich Spott über die sozial so Verunglimpften hereinbricht. Bei den Kleidungsstücken oberhalb der Gürtellinie - den allgegenwärtigen Anoraks, Parkas, Blousons, Lederjacken, soweit sie jahreszeitgemäß nicht von T-Shirts abgelöst werden - herrschen Aufdrucke vor: Tier- und Menschenköpfe mit oder ohne Kommentar,

Wortfetzen in- und ausländisch, Sprüche, die kaum einer lesen kann oder will, und gelegentlich auch offene Anzüglichkeiten, die nur Konservative und sonstwie dem Fortschritt Feindliche als solche empfinden.

Eine Buntheit von Farben wimmelt durcheinander, die letztlich doch nur ein großes Einerlei darstellt und sehr viel mit gerade gültiger Mode, aber so gut wie nichts mehr mit Geschmack zu tun hat. Längst unterliegen auch die meisten Kinder dem Diktat der Mode und tyrannisieren ihre Eltern ggf. solange, bis die ihnen alle Kleidungswünsche erfüllen.

Der Turnbeutel ist, falls gerade benötigt, sichtbar, die Schachtel mit den Zigaretten nicht. Und doch steigen, von der Hauptschule aufwärts, die bekannten blauen Wölkchen in den Himmel: verstohlen, wenn die Aufsicht gerade den Rücken kehrt, oder ungeniert, wenn sie sich nähert. Bei den älteren Schülern, ab 16 Jahren, kann sowieso nichts dagegen unternommen werden; da greifen dann nur die Unterrichtsstunden, die über die Gefahren des Rauchens aufklären: Sie sind so wirkungsvoll wie die amtlichen Aufdrucke auf den Zigarettenschachteln, daß Rauchen die Gesundheit gefährde. Der Duft dieser edleren Welt steigt auch in die Nase, wenn man die Schultoiletten betritt, die zudem gegen Ende der großen Pause oft genug einen Eindruck hinterlassen, der der Menschenwürde zuwider läuft.

In den Ohren kleine Kopfhörer von „Walkmen", die im Vorbeigehen Fetzen des Gedröhns vernehmen lassen, das millionenfach nicht nur für die Zunahme der Innenohrschwerhörigkeit verantwortlich ist, sondern bis in jene Bereiche vordringt, die mit dem altmodischen Namen „Seele" bezeichnet werden. An Hauptschulen sind diese „Wandermänner" zwar meist offiziell verboten, aber ...

Liebespärchen küssen sich ungeniert im Getümmel oder in einer Schulhofecke, unbeeindruckt von den lautstarken Zankereien und oft wilden Prügelszenen, die in jeder Pause irgendwo auf dem Schulhof vom Zaun gebrochen werden und nicht selten mit blutenden Wunden enden - zur Freude derer, die vielleicht schon in der nächsten Pause selber davon betroffen sind.

Allgegenwärtig auch der Kaugummi: Kaum ein Schüler läßt sich den hehren Genuß entgehen, wobei viele darauf achten, daß sie diesen Volksbeglücker mit zahnfreundlichem Zuckeraustauschstoff nehmen. Bei Wiederkäuern sind die mahlenden Bewegungen der Kiefer eine Notwendigkeit, bei den Genießern des aromatisierten und mit allerlei sonstigen Zutaten angereicherten Speichelziehers ist das eine gleichsam kultische Handlung. Die Überreste der Kautätigkeit sorgen für eine Erlebnislandschaft mit weißen Flecken auf dem Schulhof und für allmählich steinhart und unentfernbar werdende Modelliermassen unter den Schülertischen und sonstwo.

Natürlich gibt es auf jedem Schulhof mindestens einen Lehrer als Aufsichtsperson; das schreibt die gesetzliche Regelung vor. Und der wird unbedingt Folge geleistet. Der Schüler muß sich beaufsichtigt fühlen: auf dem Hof und selbstverständlich auch in der Klasse. Ordnungschaffende Maßnahmen finden in der Regel jedoch nicht statt, einmal weil die Lehreraugen nicht zwangsläufig überall zugleich sein können, zum anderen weil das unmittelbare Eingreifen, etwa bei Prügeleien, schnell umschlagen kann in eine Lehrerflucht aus Angst vor Schülerrache. Die Schulleitungen haben dieses Problem aber dadurch voll im Griff, daß mehrere Lehrer gleichzeitig zur Aufsicht eingeteilt sind, wobei die eigentliche Begründung damit gegeben wird, das Hofgelände sei groß und unübersichtlich.

Die tristen Schulhöfe, asphaltiert und betoniert, sind in den letzten Jahren überall gestalteten Anlagen gewichen. Die Idee dafür ist großartig. Die Umsetzung in die Wirklichkeit kostet Riesensummen, die jedoch stets aufgebracht werden, weil sich die zuständige Verwaltung keineswegs Knauserigkeit oder Gestrigkeit vorwerfen lassen will, denn die Nachbarschule in einem anderen Ort ist längst mit der Umgestaltung fertig. Oft sehen diese Schulhöfe schon bald nach ihrer Erneuerung auf andere Art schlimm aus, obgleich sie in der Regel nachmittags ohnehin geschlossen sind. Pflanzliches Grün mildert die Eindrücke, auch wenn die Zerstörungswut - als Spielform der Selbstverwirklichung - gewaltig ist.

Schulwände, besonders im Außenbereich, bieten dankbare Flächen, die nicht nur mit Kreide, die fast immer aus dem Klassenraum stammt, verziert werden können, Spraydosen erweisen sich seit langem als wesentlich wirkungsvoller und dauerhafter. Großstadtschulen leiden unter solchen Verschönerungen weitaus mehr als Schulen im mehr ländlichen Raum. Die Mal- und Schreibaktivitäten lassen sich auch in benachbarten Unterführungen, an Bushaltestellen und auf Bahnhöfen bewundern. Kreativität ist alles, und die Verwaltungen haben ohnehin geeignete Leute, die genau wissen, wie man Grafitti beseitigt.

Wenn Schulklingel oder -gong ertönen, nach Pausenende, strömen die meisten Schüler gezielt, wenn auch ungeordnet, in die Klassenräume, oftmals mit einer Geschäftigkeit, als wollten sie tatsächlich eifrig und aufmerksam lernen. In den Unterrichtsräumen angekommen - falls das nicht bereits auf den Fluren geschieht -, schlägt diese scheinbare Zielstrebigkeit blitzschnell in wüstes Chaos um: Anoraks fliegen in hohem Bogen auf die Garderobe, die sehr wohl Haken hat, falls die nicht zwischenzeitlich bei Turnübungen abgebrochen wurden.

Dann stürzt sich eine johlende und drängelnde Masse durch die Klassentür, sollte die nicht von ganz schnellen Kindern schon von innen zugehalten werden, so daß erst Aufreißversuche gestartet werden müssen, wobei das auch stabile Türen nicht auf Dauer verkraften.

Gelächter, Schreien, geräuschvolles Hin- und Herschieben von Tischen und Stühlen, einige gehen dabei zu Boden. Streitereien, Rangeleien auf Tischen, darunter und dahinter, umhergeworfene Schulsachen oder Taschen, zur Abwechselung auch einmal eine rüde Kreideschlacht, die den Klassenraum unbetretbar werden läßt - Alltäglichkeiten, über die sich nur Unverbesserliche aufregen. Lärm und Unruhe des Schulhofes setzen sich in kaum geminderter Form im Raum fort, falls schon alle Schüler in ihm und nicht noch auf dem Flur sind.

Kommt der Lehrer schließlich, tritt nur ausnahmsweise Stille ein, wenn er im Raum erscheint. Viele bemerken sein Eintreten überhaupt nicht, weil sie mit ihren Aktivitäten so beschäftigt sind, daß nichts anderes wichtig sein kann. Es ist keine Seltenheit, daß fünf oder mehr Minuten vergehen, bis der Lärm so abebbt, daß zumindest der Versuch gemacht werden kann, mit der Unterrichtsarbeit in einer halbwegs erträglichen Atmosphäre zu beginnen. Wirkliche Stille tritt oftmals nur bei Klassenarbeiten ein, meist solange, bis die ersten Kinder mit ihren Aufgaben fertig sind und dann sofort beginnen, ohne Rücksicht auf die noch Arbeitenden, unterrichtsfremden Tätigkeiten nachzugehen. Sie auf den Hof zu schicken, ist eine Scheinlösung, denn einmal ist offiziell die Aufsicht nicht gewährleistet, zum anderen stört der geräuschvolle Abgang aus der Klasse die Zurückbleibenden nachhaltig.

Konzentration und das intensive Bemühen um den Stoff - hier werden erneut die Verhältnisse an den Hauptschulen angesprochen - sind für viele Schülerinnen und Schüler fast reines Wunschdenken, sofern sie sich überhaupt darum Gedanken machen. Ein erheblicher Teil der Unterrichtsstunde geht grundsätzlich durch Versuche verloren, die notwendige Ordnung wiederherzustellen. Ein zumindest unterschwelliger Geräuschpegel ist fast pausenlos vorhanden. Unwilligkeit zum Mitarbeiten und - weitaus stärker - nach Ermahnungen durch den Lehrer sind typisch. Oft nehmen sie Formen an, die nur mit Aufsässigkeit und Frechheit gekennzeichnet werden können. Der Schüler geht stillschweigend - wenn auch nicht im Wortsinn - davon aus, daß er stets im Recht ist, gleichgültig, was er gerade auch angestellt haben mag. Ein Unrechtsbewußtsein ist nur bei einer verschwindend kleinen Zahl noch vorhanden, wie denn auch Ermahnungen lediglich mit Grinsen bzw. höhnischen oder auch anzüglichen Bemerkungen quittiert werden. Wenn schon jemand schuld hat, dann gewiß ein anderer.

Grundschulen sind von solchen Zuständen durchaus nicht ausgenommen. In bestimmten Großstadtgegenden herrscht bereits in dieser Schulform Undiszipliniertheit, die auch vor Zerstörungen nicht halt macht. Musterbeispiele sind jedoch die Hauptschulen, die einst bei ihrer Schaffung aus den vormaligen Volksschulen als „weiterführende Schulen" gesehen wurden. In der Tat führen sie immer noch weiter: zielgerichtet und stetig in ein Chaos, das allerdings keineswegs nur in den zuvor geschilderten äußeren Verhältnissen zu suchen ist.

Was sich dem stummen oder dort tätigen Beobachter jeden Tag erneut zeigt und immer weiter ausufert, hat nicht nur diese bloß umrißhaft geschilderte, lärmende und die Sinne angreifende Fassade, die schon schlimm genug ist und zahllosen Kindern den Gang zur Schule zuwider macht und sie in vielen Fällen mit Krankheit reagieren läßt. Der seit Jahren immer wieder zitierte Schulstreß hat hier seine Ursache, nicht in der Forderung nach mehr Leistung. Realschule und Gymnasium setzen ihre Akzente anders, und naturgemäß sind die Leistungsanforderungen höher.

Die sog. Gesamtschulen, in einigen Bundesländern besonders gefördert, summieren gewissermaßen die Negativseiten der bisherigen drei Schulformen. Man gebe sich auch keinen Illusionen hin: Untersuchungen über das Wissen von Abiturienten brachten Wissenslücken zutage, die einer nötigen Allgemeinbildung regelrecht entgegengesetzt sind. Zudem wirken hier ungleich stärker die Lehr- und Lerninhalte zerstörerisch als in den Hauptschulen, wo die geistige Auseinandersetzung mit dem Lernstoff nur im begrenzten Maße möglich ist. Rauschgift und Alkohol spielen eine Rolle, auch wenn die heruntergespielt wird.

Wo die Lernbedingungen erschwert oder nicht mehr vorhanden sind, ist das Einüben von Fertigkeiten kaum oder nicht möglich, wie auch der Wissenserwerb nur gering sein kann. Wer nie gelernt hat, sich intensiv einer Sache zu widmen, mit Aufmerksamkeit zuzuhören und wem die Einsicht fehlt, daß sein eigenes fehlerhaftes Verhalten ihm selbst und anderen Verdruß bereitet, der ist in seiner Entwicklung zum eigentlichen Menschsein weit zurückgeworfen. Er wird die ungeheure Freizügigkeit seines Verhaltens für die Norm halten und alles andere an ihr messen, die späteren eigenen Kinder eingeschlossen.

Und die Lehrer? Dulden die solche Verhältnisse? Versuchen sie denn nicht, den ihnen anvertrauten Kindern Bestmögliches mit auf den Lebensweg zu geben?

Jeder Lehrer hat während seiner Ausbildung gelernt, mit pädagogischen und psychologischen Erkenntnissen und Erfahrungen umzugehen und sie so anzuwenden, daß größtmöglicher Nutzen dabei entsteht. Daß es ganz unterschiedliche Richtungen in Pädagogik und Psychologie gibt, muß nicht gesondert erwähnt werden. Sache des Studiums ist es, diese verschiedenen Richtungen kennen- und bewerten zu lernen, wobei nicht unbedingt das Beste auch seinen angemessenen Platz erhält. Wer andere unterrichtet, beeinflußt sie, wobei das Lebensalter des Lernenden nur insofern eine Rolle spielt, daß sich die Ausbildung in der Regel bis etwa Mitte zwanzig abwickelt und Positionen gefestigt sind, die später nur mit Mühe neuen Einsichten angepaßt werden können.

Was an den Hochschulen gelehrt wird, ist zwar Gegenstand einer Fülle von Vorlesungen, Seminaren und Übungen mit sachbezogenen Diskussionen, die ideologische Ausrichtung dieser Veranstaltungen und damit oft des Studiums insgesamt bleibt jedoch oft undurchschaubar. Das kritische Hinterfragen hat an den Hochschulen seinen festen Platz, die Auseinandersetzung mit ganz unterschiedlichen Stoffen in möglichst objektiver Weise gehört einfach zum wissenschaftlichen Arbeiten. Aber bestimmte Leitlinien können so vorgegeben werden, daß es beinahe niemandem auffällt, welcher Einseitigkeit des Lehrbildes sie verpflichtet sind. Je verbrämter und scheinbar wissenschaftlich anerkannt ein solches Lehrgebäude ist, umso wirkungsvoller kommt es zur Geltung. Das Vorbild des Lehrmeisters, des Professors oder wissenschaftlichen Mitarbeiters, wirkt sich prägend auf den späteren Berufsweg aus. Das ist stets so gewesen und beinhaltet nur dann etwas Schlechtes, wenn von Seiten des Lehrenden Dingen und Gedanken Raum gegeben wird, die verführerisch und bedenklich sind. Ein falsches Menschenbild entsteht immer dann, wenn Maßstäbe angelegt werden, die einzig und allein einer bestimmten Sichtweise verpflichtet sind, wobei Menschliches nicht nur als etwas Allzumenschliches erscheint, sondern mehr oder minder versteckt die Unterordnung unter ein Prinzip erfordert. Dient ein solches Grundmuster der Beeinflussung ausschließlich menschlichen Interessen, muß es irgendwann anmaßend und zerstörerisch werden.

Das Grundgesetz unseres Staates und alle Landesverfassungen kennen zwar noch als Ziele - und das sind Bildungsziele - die Ehrfurcht vor Gott und Achtung vor der religiösen Überzeugung des anderen; dieser Anspruch wird jedoch in einem Staat zusehens geringer, der immer weiteren Ideologien, Religionen, Philosophien und Pseudoweisheiten weit die Tore geöffnet hat. Gleichmacherei und Gleichbehandlung sind beliebt, aber nur auf Kosten christlicher Wahrheiten möglich. Je gleichförmiger etwas ist, desto leichter kann man sich mit ihm befassen und es für seine Zwecke benutzen. Wer oder was sich dem entgegenstellt, muß über kurz oder lang beseitigt werden. Die Wege zum Erreichen dieses Zieles sind allerdings unterschiedlich. Von heute auf morgen geht das nicht, es bedarf guter Vorbereitung, wobei häufig ganz verschiedene Personen in sehr unterschiedlichen Lebenskreisen und zeitlich versetzt daran mitwirken. Die Einnahme einer Festung ist ein strategischer Schachzug. Je gründlicher vorgearbeitet worden ist, desto sicherer der Erfolg.

Ideologische Hintergründe

Für die schlimmen Zustände an heutigen öffentlichen Schulen wird insbesondere das Lehrgebäude der sog. Frankfurter Schule verantwortlich gemacht - und das entspricht den Tatsachen. Aber die Vertreter dieser Ideologie haben Vorläufer, die den Weg gangbar gemacht und erleichtert haben. Hier sollen vier Personen genannt werden, Psychologen und Pädagogen, die Entscheidendes gedacht und gelehrt haben, was danach von der Frankfurter Schule aufgenommen, weitergedacht und in die Tat umgesetzt wurde.

Wilhelm Wundt (1832-1920) ist Begründer der sog. Experimentalpsychologie. Nach seinen Erkenntnissen ist eine Sache nur dann sinnvoll, wenn man sie messen kann, möglichst mit unterschiedlichen Verfahren, so daß die Ergebnisse jederzeit wieder verwertet werden können. So ist das bei den sog. exakten Naturwissenschaften üblich. Nun kann allerdings eine Wissenschaft, die sich mit seelischen Vorgängen zu befassen vorgibt, nicht Methoden übernehmen, die in keiner Weise ihrer Zielsetzung gerecht werden. Man kann eine Entfernung schlecht in Kilogramm messen oder den Energiegehalt einer Brotsorte in Zentimetern. Wundt und sein Nachfolger aber wollen seelische Vorgänge durch die Zusammensetzung des Blutes oder die Anzahl der Handbewegungen in der Minute deuten, um so in ähnlich gelagerten Fällen daraus Rückschlüsse zu ziehen. Die Unmöglichkleit eines solchen Verfahrens sah Wundt wohl ein, und er schlug deshalb vor, daß sich die Psychologie lediglich mit den Erfahrungen des äußeren Menschen beschäftigen solle, aus denen dann ableitbar sei, wie es in dessen Innerem aussehe. Wundt wollte damit beweisen, daß der Mensch nicht mehr sei als die Summe seiner Erfahrungen. Mit den Sinnesorganen empfängt er eine ungeheure Vielzahl von Reizen, die er bewußt oder unbewußt aufnimmt und verarbeitet, und diese Art der Aufarbeitung von Umwelteinflüssen mache das Wesen des Menschen aus. Wilhelm Wundt war überzeugt, daß der Mensch weder einen Geist im Sinne des von einem Schöpfer eingehauchten Geistes noch eine Selbstbestimmung habe, mit anderen Worten: er sei letztlich nichts anderes als eine besondere Art von Tier. Daraus folgt, daß eine Kontrolle von menschlichen Entscheidungen und Handlungen weder bei einem Kind noch bei einem Erwachsenen möglich sei. Alle Reaktionen seien vorbestimmt, der Mensch unterliege einem Schematismus. Bestimmte Reize erzeugten immer gleiche Reaktionen.

Setzt man dieses Verständnis Wundts auf die Erziehung von Kindern um, so bedeutet diese nichts weiter als einen Vorgang von verschieden langer Dauer, während der gezielte Reize auf die Heranwachsenden ausgeübt werden, die ihnen dann Erfahrungen vermitteln, die jederzeit und beliebig oft wiederholt werden können. Sache der Erzieher sei es, diese Reize gezielt auszusuchen und anzuwenden. So werden gleichsam biologische Maschinen geschaffen, die eigenes Denken und Handeln nicht kennen, was sie allerdings leugnen, da sie auch in dieser Hinsicht wohl vorbereitet worden sind. Man sehe sich, nicht nur in Deutschland, einmal nach den Ergebnissen der Wundtschen Lehre um!

Der zweite Vordenker und Wegbereiter heutiger Gegebenheiten in unseren Schulen ist **John Dewey** (1859-1952), ein Pädagoge, der die Ideen Wundts in die Praxis umsetzte. Zugleich war er auch Philosoph. Sein Tun wird von drei Leitsätzen bestimmt: 1. Erziehung muß aktiv sein und kann nicht passiv erfolgen; 2. Schule soll sozial und keineswegs individualistisch ausgerichtet sein; 3. das Experiment gilt anstelle von Nachahmung. Was er in den USA als Schüler zweiter Hand von Wilhelm Wundt gelernt hatte, setzte er zügig in die Tat um. Er bahnte dem sog. Arbeitsunterricht, wie er später auch in Deutschland eingeführt wurde, den Weg, wobei seine ideellen Leitlinien voll durchschlagen. Nicht mehr der einzelne Schüler ist von besonderem Interesse, die Gruppe steht eindeutig im Vordergrund, und Verhaltensmaßstab ist die Orientierung am anderen. Wer sich dieser Norm nicht fügt, wird sehr bald zum Außenseiter gestempelt.

Ein weiterer Schüler Wundts zweiter Hand ist **Edward Lee Thorndike** (1874-1949). Er befaßte sich mit Tieren, um deren Verhalten in ganz bestimmten Situationen zu erforschen. Die Erkenntnisse aus diesen Experimenten übertrug er auf das Verhalten von Kindern. Er hatte herausgefunden, daß bestimmte Reize bei Tieren zu einer Befriedigung führen. Das mußte bei Kindern in gleicher Weise wirksam sein. Folglich brauchte man ihnen nur beizubringen, wie sie sich durch eine ganz bestimmte Art von Reizen die Befriedigung ihrer Lust verschaffen können. Thorndike sorgte dafür, daß alles, was unangenehm ist, bei der Erziehung zu unterbleiben hatte. Ausschlaggebend war allein, was Spaß machte. Mit der Entdeckung und Verbreitung dieses Lustprinzips hatte Thorndike die Lehren von Wilhelm Wundt und John Dewey vereint.

Über **Siegmund Freud** (1856-1939), den vierten Vorreiter der Pädagogik unserer Tage, gibt es eine Unzahl von Literatur, während die drei anderen, insbesondere die Amerikaner Dewey und Thorndike, fast nur Fachleuten ein Begriff sind. Es ist weithin bekannt, was die sog. Psychoanalyse oder Tiefenpsychologie in den letzten Jahrzehnten an Schaden angerichtet hat, und kritische Veröffentlichungen dazu sind zahlreich. Andererseits aber geistern Freuds Theorien immer noch durch die Köpfe vieler Menschen. Im Zusammenhang dieses Buchkapitels sollen Freuds Gedankengänge nur schlagwortartig dargestellt werden.

Da ist zunächst seine Aussage, daß ein strenger Vater seinen Kindern außerordentlich schade, insbesondere in der frühen Kindheit. Das Kind antworte auf die väterliche Zucht mit Neurosen, die zu abnormem Verhalten führten. Die Autorität des Vaters sei demzufolge etwas Verwerfliches und müsse, damit das Kind sich ungehindert entwickeln könne, ausgeschaltet werden. Die zweite zentrale Lehre Freuds preist die Befreiung des Selbst durch hemmungslosen sexuellen Genuß ohne irgendwelche Tabus. Liebesfähigkeit wird durch geschlechtliche Zügellosigkeit ersetzt. Thorndikes Lustprinzip wird von Siegmund Freud auf den sexuellen Bereich ausgedehnt.

Man tut der „Frankfurter Schule" viel zu viel Ehre an, wenn man in ihr die eigentliche Urheberin heutiger chaotischer Verhältnisse in den allermeisten öffentlichen Schulen sieht. Diese „Schule" setzt nur folgerichtig fort, was die vorgenannten Psychologen und Pädagogen begonnen haben.

Die **„Frankfurter Schule"** ist nicht nur eine Ideologie, sondern war zunächst eine ganz reale Bildungseinrichtung, die 1923 von Max Horkheimer als „Schule für Sozialforschung" in Frankfurt am Main gegründet worden war. Erster Direktor war der österreichische Marxist Carl Grünberg. 1930 übernahm Horkheimer selbst die Leitung. Finanziert wurde die Anstalt von Felix J. Weil, dem Sohn eines Getreidegroßhändlers. Sehr enge Beziehungen bestanden zum Marx-Engels-Institut in Moskau. Da die marxistische Theorie insbesondere durch die Oktober-Revolution 1917 in Rußland viele Anhänger verloren hatte, konnte man in Frankfurt nur in verdeckter Form lehren und bediente sich dabei eines neuen Namens: Kritische Theorie. Erich Fromm sorgte dafür, daß die Lehren von Siegmund Freud in diese Kritische Theorie eingebaut wurden. Als sich das Ende der Weimarer Republik abzuzeichnen begann, bereitete Horkheimer die

Übersiedlung des Instituts zunächst nach Genf vor. Von dort aus gingen die Verfechter der erweiterten marxistischen Lehre nach New York, wo sie den Namen „Institute of Social Research" einführten. Das war 1934. Zu den bisherigen Lehrern traten Theodor Wiesengrund Adorno und Herbert Marcuse. An weiteren Namen sind zu nennen: Leo Löwenthal und Friedrich Pollock. Bereits 1946 traten Abgesandte der Stadt Frankfurt am Main an Horkheimer mit der Bitte heran, die Schule doch wieder am angestammten Ort zu errichten. 1951 konnte dann der Neubau eingeweiht werden.

Daß diese Schule aus den USA wieder zurück nach Deutschland verlegt wurde, zeigt die Wichtigkeit, gerade in unserem Land und von hier aus für die Verbreitung buchstäblich umstürzlerischer Lehren zu sorgen. Das Fiasko des nationalsozialistischen Staates machte es möglich, sogleich alles in Mißkredit zu bringen, was nur irgendetwas mit Ordnung, Disziplin, Fleiß oder Treue zu tun hatte. An diesem Vorgehen waren auch sehr viele beteiligt, die mit der „Frankfurter Schule" gar nichts zu tun hatten. Auf dem so vorbereiteten Feld konnten Horkheimer und seine Gefolgsleute ihre Saat äußerst erfolgreich ausstreuen. Sie taten das denn auch mit einem Fleiß und einer Zielstrebigkeit, die sie eigentlich bekämpften.

Die Eltern der heranwachsenden Generation hätten völlig versagt, weil sie den Nationalsozialismus nicht durchschaut und folglich nicht bekämpft hätten, also wären sie unfähig zur Erziehung ihrer Kinder. Solche Pauschalurteile sind bequem zu handhaben, und es zeigt sich auch in diesem Falle, daß sie ein breites Publikum finden. Obgleich diese sog. Kritische Theorie mit dickem Pinsel drauflosmalt, ist die Wirkung gewaltig, wohl gerade deswegen, weil sie vorgibt, kritisch zu sein. Die Autorität der Eltern wird in den Schmutz gezogen und zu einem abschreckenden Beispiel, vor dem Kinder immer wieder und wieder gewarnt werden müßten. Die Ordnung in der Familie ist verdächtig, sie könne ja den in ihrem Schutz Aufwachsenden bleibenden Schaden bringen. Da die Familie die Keimzelle jeder gesellschaftlichen Ordnung ist, setzt die Zerstörung der Gesellschaft folgerichtig in der Familie an. Sind Geborgenheit und Sicherheit im Schoße der Familie nicht mehr vorhanden, ist keine Rückzugsmöglichkeit aus der Welt mehr gegeben. Damit ist ein maßgeblicher Grundpfeiler menschlichen Seins zerstört. Hat man diese Bastion erst einmal zum Einsturz gebracht, ist es relativ leicht, übrige gesellschaftliche Ordnungen zu zerschlagen. Alles, was nur nach Zwang und Unterordnung riecht, muß weggefegt werden.

Natürlich geschah das nicht mit offenen Aufrufen zur Gewaltanwendung. Ganz im Gegenteil: Die Ideengeber forderten sogar dazu auf, keine Gewalt anzuwenden. Andererseits ließen sie es jedoch einfach zu, daß gewalttätige Auseinandersetzungen die Folge waren. Das Jahr 1968 steht gleichsam stellvertretend für diese Orgie von Brutalität und Anarchismus. Die Gesellschaft mußte in ein Chaos gestürzt werden. Erreicht hat man das dadurch, daß Schrittchen für Schrittchen alle bisherigen Werte, Ordnungen und Gesetzmäßigkeiten „hinterfragt" und systematisch unglaubwürdig gemacht wurden.

Die Diskussion über all das, was gestern noch als unantastbar und oftmals regelrecht heilig galt, setzte überall in den Schulen ein - und nicht nur dort. Mit der Autorität der Eltern wurde zugleich die der Lehrer untergraben. Frontalunterricht - der Lehrer als Einzelperson geordneten Sitzreihen der Schüler gegenüber - wurde verpönt; Gruppentische, Anordnung der Tische in U-Form, Aufstellung im Kreis oder ähnliche Konstruktionen sollten für Nähe und Gleichheit sorgen, was allerdings zum Glück nicht immer gelang. Mancher Lehrer erkannte recht schnell, wie wenig derartige Sitzordnungen den

Lernerfolg verbesserten und kehrte - oft unter Mißbilligung der Kollegen - zum frontalen Unterrichten zurück.

Auch der Einsatz möglichst vieler Unterrichtsmedien - Tageslichtschreiber, Dia-Gerät, Film, Fernseher und schließlich Computer, das Verteilen von Arbeitsblättern in unüberschaubarer Menge und zu jeder möglichen und unmöglichen Gelegenheit - geht auf Anregungen Marcuses zurück, der die vollständige Automation forderte, selbstverständlich nicht allein im Bereich der Schule.

Die Verherrlichung des technischen Fortschritts mußte einhergehen mit der Verneinung aller natürlichen Gegebenheiten. Ob es sich um Traditionen im Leben eines Volkes wie etwa Sitten und Gebräuche handelt, um überkommenes Kulturgut, um die Achtung vor der Heimat und die Liebe zu ihr, die Wertschätzung der Muttersprache und des höflichen Umganges der Menschen untereinander - alles das und vieles mehr werden infrage gestellt, lächerlich gemacht, bestenfalls der Vergessenheit, meist aber dem Verfall preisgegeben. Dazu gehört auch die dem Menschen angeborene Scham, die stetig durch die sexuelle Aufklärung in den Schulen abgebaut wird. Pornographie in immer wüster auftretenden Formen verwildert alle Altersstufen und findet häufig mit behördlicher Billigung in Form von „Aufklärungsschriften" offiziellen Eingang in den Unterricht oder in die eigene Lektüre der Schüler. Zwar gibt es Proteste und Widerstände mancher Art, aber der Sog der gewaltigen Verführungswelle spült das alles weitestgehend hinweg. Die überwiegende Zahl der Bevölkerung gewöhnt sich an Sumpf und Zerstörung recht schnell und vertritt bald die Ansicht, das sei das Normale. Je mehr man dem Bürger einhämmert, er sei frei und unabhängig, desto mehr knechten ihn die Geister, die er zwar nicht gerufen hat, die ihm hingegen als Preis für solche Freiheit hingestellt werden.

Schule ist immer die zentrale Bildungseinrichtung gewesen, jedenfalls solange es sie als öffentliche Institution gibt. Da bei uns (und in allen vergleichbaren Ländern) Schulpflicht besteht, ergibt sich daraus der Anspruch des Staates auf die heranwachsende Generation, die er in seinem Sinne ausbilden will.

Folgt die Schule einem Wertesystem, so wird man ihrem Erziehungsmonopol wenig Kritisches entgegenzusetzen haben. Nimmt sie aber für sich und damit für den Staat in Anspruch, auch bei der Enttabuisierung aller überlieferten Wertvorstellungen und größtmöglicher Liberalisierung auf allen Gebieten mitzuwirken, brandet ihr mehr und mehr Widerstand entgegen, sie kann aber auch mit Ohnmacht und Resignation der ihr Ausgelieferten rechnen. An der Schule in irgendeiner Form Beteiligte versuchen zum Teil, dem Druck des Negativen zu entkommen: Lehrer durch Ausweichen in eine andere Tätigkeit oder durch vorzeitigen Ruhestand; Schüler durch Anpassung an die chaotischen Zustände, was den meisten außerordentlich leicht fällt; Eltern durch Gründung von Privatschulen oder - in bisher nicht sehr zahlreichen Fällen - durch häuslichen Unterricht in eigener Verantwortung.

Ohne Billigung der verantwortlichen Ministerien und untergeordneten Behörden, der Bildungsplanungskommissionen, der Lehrerstandesorganisationen usw. hätten sich diese Zustände nicht so entwickeln und manifestieren können. Gutgläubige meinten lange Jahre hindurch, daß die immer neuen Schulreformen zur Besserung beitrügen. Daran glaubt inzwischen kaum noch jemand, der den Schulbetrieb von innen und langdauernd erlebt hat. Es ist keineswegs so, daß diese Entwicklung von selbst gekommen ist. Systematisch sind mit Duldung oder gezielter Förderung der zuständigen Behörden andere Bildungsinhalte und neue Methoden vorgeschlagen worden, wobei der sog. Meinungsbildungsprozeß in Gang gesetzt wurde, um den Ansprüchen der Demokratie zu genügen. Kritische Stellungnahmen wurden gewünscht und auch gesammelt, falls in den Kollegien so etwas noch zustande kam, wofür Bequemlichkeit oder Angepaßtheit verantwortlich zu machen sind. Als die Mehrheit der Lehrer bemerkte, daß mit Gutgläubigkeit und ergebenem Annehmen des von oben Vorgeschriebenen die Zustände höchstens noch schlimmer wurden, war es längst zu spät für Änderungen zum Besseren hin. Selbst eine grundlegende Neubesinnung dürfte zu nichts führen, da echte Reformen in Richtung auf Wiederherstellung menschengemäßer Verhältnisse im Keime erstickt würden.

Die Vorgeschichte der Hausschule Stücher

Durchaus nicht immer sofort führen Einsichten zum Handeln. Oft werden sie zu wiederholten Malen geprüft, neues Material kommt hinzu und erweitert die bisherigen Erkenntnisse oder verlagert Schwerpunkte. Wer vorschnell Schlüsse aus dem zieht, was er herausgefunden hat, kann Gefahr laufen, Halbwahrheiten zu verbreiten oder gar in eine falsche Richtung zu gehen. Gilt das schon für den allgemeinen menschlichen Bereich, desto mehr muß es für einen Gläubigen gelten. Gottes Wort sagt klar: „Prüfet alles, behaltet das Gute; meidet das Böse in jeder Gestalt!" (1. Thessalonicher 5,21).

Ende November 1973 bringt Sabine, Stüchers älteste Tochter, einen offenen Zettel aus der von ihr besuchten Schule mit, einer Hauptschule, auf dem um Zustimmung zu einem Sexualkundekurs im Fach Biologie gebeten wird. Dort heißt es u.a.: „Es ist natürlich zu sagen, daß in erster Linie das Elternhaus für die Aufklärung zuständig ist, aber leider versagen sehr viele Eltern dabei."

Stücher teilt der Schule in sofortiger Beantwortung folgendes mit: „... muß Ihnen mitteilen, daß ich einer Aufklärung meiner Tochter Sabine durch die Schule nicht zustimme. Meine Kinder werden zu Hause über das Heilige, was Gott den Menschen anvertraut hat, aufgeklärt und sind es schon, ihrem Alter und ihrer Reife entsprechend. Ich bitte deshalb, meine Tochter von dem Kurs zur Sexualkunde zu befreien. Damit möchte ich die höfliche Bitte verbinden, in Zukunft ähnliche Briefe der Schule an die Eltern im verschlossenen Umschlag übergeben zu lassen; denn die Bemerkung über das Versagen der Eltern, die an sich nicht ganz unberechtigt ist, muß das Vertrauen der Kinder zu ihren Eltern zerstören und untergräbt die elterliche Autorität ...".

Der Rektor der Schule bezieht sich in seiner Erwiderung auf die vorgeschriebenen Richtlinien zum Sexualkundeunterricht und schließt: „Ich habe nicht die Berechtigung, Ihre Tochter von dem Biologieunterricht zu befreien."

Mit diesem Briefwechsel beginnt ein Weg, der gut sechs Jahre später dazu führt, daß Stücher nicht wie zuvor nur für eines seiner Kinder um Befreiung von bestimmten Unterrichtsstunden nachsucht, sondern die dann noch schulpflichtigen Kinder ganz dem Schulbesuch entzieht, um sie selber zu unterrichten. Bereits hier wird deutlich, daß einmal die Schule zwar um elterliche Zustimmung zur Sexualerziehung bittet, stillschweigend aber davon ausgeht, daß diese seitens der Eltern auch gegeben wird. Die hilflose Reaktion des Nichtbefreien-Könnens beweist somit von Anfang an, daß das Einholen des Einverständnisses eine Farce ist, denn eine Alternative ist nicht vorgesehen. Zum anderen ist Stüchers Einstellung, die sein späteres Vorgehen kennzeichnet, in wesentlichen Zügen bereits erkennbar: die für ihn und seine Familie verbindliche Basis der Bibel, von der aus sich alles Handeln erklärt; das Eintreten für eine uneingeschränkte Anerkennung der elterlichen Verantwortung und schließlich die Kampfansage gegen die schulische Sexualaufklärung. Im Laufe der Zeit mehren sich die Erkenntnisse über die Verwerflichkeit mancher anderen Dinge, die von der öffentlichen Schule vertreten werden und einen umfassenden Widerstand erforderlich machen. Aber erst einmal geht es nur um die Befreiung vom Sexualkundeunterricht. Stücher schreibt noch einmal an die Schule und erklärt: „Mein Gewissen ist an das Wort Gottes gebunden, so daß ich es unter keinen Umständen zulassen kann, mein Kind von anderer Seite aufklären zu lassen ... Denn nur das Wort Gottes, der Schöpfer selbst ist dazu berechtigt; und Gottes Wort redet über diese heiligen Dinge so schonungslos offen wie möglich und so geziemend heilig wie nötig, auf daß Herz und Gewissen erreicht werden." Er predigt tauben Ohren. Wenige Tage danach wendet er sich an das Düsseldorfer Kultusministerium, um dort die Befreiung vom sog. Aufklärungsunterricht zu erlangen. Der Brief wird über das zuständige Schulamt an den Regierungspräsidenten zur Bearbeitung weitergeleitet, der in seiner Antwort von Ende Februar 1974 darauf hinweist, daß das Fernhalten eines schulpflichtigen Kindes vom vorgeschriebenen Unterricht ein Verstoß gegen das Schulpflichtgesetz sei und daher nicht geduldet werden könne. In Anerkennung des Gewissenskonfliktes des Antragstellers und um Spannungen zwischen Haltungen und Wertvorstellungen des Elternhauses und den schulischen Ansprüchen bei dem betroffenen Kind zu vermeiden, wird seitens der obersten Schulaufsichtsbehörde empfohlen, „alles nochmals zu überprüfen, um im Einvernehmen mit dem Lehrenden und dem Schulleiter zum Wohl des Kindes zu befinden." Auch hier schwingt mit, daß das kindliche Wohl nur zu erreichen ist, wenn der Vater dem Ansinnen der Schule nachgibt.

Wenig später weitet sich der Konflikt aus: In einem Aufsatz, der auf eine vorausgegangene Kunststunde Bezug nimmt, entdeckt Stücher im Heft seiner Tochter einen Ton, der ihm ungebührlich vorkommt und den er gegen das biblische Prinzip der Unterordnung im Elternhaus gerichtet sieht. Er teilt dem Fachlehrer mit: „Diesen Geist nämlich, der schon so große Verheerungen in Elternhäusern angerichtet hat und die ganze göttliche Grundordnung umstößt, möchte ich von meinen Kindern fernhalten ... Meine Tochter ist wegen des Tones in dem Aufsatz getadelt worden, und ich hätte ihn am liebsten zerrissen..." Der demokratische Geist ist es, der den Vater protestieren läßt und der den Kunstlehrer als dessen gewissenhaften Gefolgsmann ausweist, der folgendermaßen antwortet: „Die erste Pflicht der Schule ist ... die Erziehung der Schüler zu demokratischen Staatsbürgern. Das heißt ... Anbieten der

Schule als ein demokratisches Übungsfeld für das spätere Leben ... Ich versuche, den Kunstunterricht ... so zu gestalten, daß jeder seinen individuellen Fähigkeiten ... entsprechend gefördert wird. Dies kann jedoch nur in einem demokratisch geführten Unterricht geschehen ..." Diese Aussagen eines Lehrers können verallgemeinert werden, denn die meisten Lehrer sind Beamte und können sich nur im Sinne ihres Dienstherrn äußern, wenn sie nicht Gefahr laufen wollen, gemaßregelt zu werden, falls sie tatsächlich Zweifel am demokratischen System haben, das nahezu pausenlos seit Jahrzehnten als allgemein erstrebenswert und glücklichmachend in die Köpfe der Menschen eingehämmert wird.

Stücher versteht Demokratie folgendermaßen: „Alle Obrigkeit ist von Gott. Als Christ bin ich verpflichtet, mich ihren Anordnungen, Gesetzen zu unterwerfen, außer in Glaubens- und Gewissensfragen. Den Bereich der Seele und des Gewissens hat Gott sich vorbehalten. Diesen Bereich respektiert am ehesten eine freiheitlich-demokratische Staatsform. Insofern ist die Demokratie eine für Christen und für die Evangeliumsverkündigung günstige Staatsform, vorausgesetzt, eine Mehrheit ist für die christlichen Werte. Aber die Demokratie in der Schule, in der Familie oder in der Kirche ist widergöttlich und hat ausgesprochen antichristliche Akzente", wie er dem Lehrer wörtlich mitteilt, der übrigens wenig später versetzt wird, weil seine Klasse zügellos geworden war.

Damit sind die Fronten im Wesentlichen abgesteckt: Es geht gegen das Gottes Ordnungen zuwiderlaufende demokratische System und gegen die scham- und seelengefährdende Sexualaufklärung. Als für den ältesten Sohn, Wolfgang, im März 1974 ebenfalls Sexualkunde auf dem Stundenplan steht, erreicht Stücher bei der zuständigen Fachlehrerin zwar zunächst eine Befreiung von diesem Unterricht, doch deren

Entscheidung wird von höherer Stelle nicht anerkannt. Das Fernbleiben - auch der Tochter vom Kunstunterricht - wird als unentschuldigtes Fehlen im Klassenbuch festgehalten. Der Ton der Erwiderungsschreiben von der Schule wir rauher. Schließlich schaltet sich das Kreisschulamt ein, das bereits zu dem Zeitpunkt von einer zwangsweisen Zuführung der Kinder und der Einleitung eines Ordnungswidrigkeitsverfahrens gegen Stücher spricht.

Als der Vater bemerkt, daß auch sein zweitältester Sohn, Ralf, in der Grundschule im Rahmen des Sachkundeunterrichts mit sexueller Aufklärung behelligt wird, ersucht er die Schule, dem Jungen das Verlassen der diesbezüglichen Unterrichtsstunden zu gestatten.

Im Mai 1975 beantragt er auch für die zweitälteste Tochter, Marianne, das Fernbleiben vom Biologie-Unterricht, wenn Sexualkunde erteilt wird.

Auf diese Weise durchlaufen die vier ältesten Kinder einigermaßen unangefochten ihre Hauptschulzeit. 1980 ändert sich die Lage allerdings grundlegend.

Die Anfangszeit der Hausschule

Reifungsvorgänge dauern unterschiedlich lange. Das ist bei Garten- und Feldfrüchten nicht anders als bei Entwicklungen, die sich im Innern eines Menschen abspielen. Stüchers Versuche, seine ältesten Kinder den allerschädlichsten Einflüssen der Schule zu entziehen durch Eingaben an Lehrer, Schulleitung oder Schulaufsicht und durch das Fernhalten der Kinder von bestimmten Unterrichtsstunden, konnten nur Teil-, wenn nicht sogar Scheinlösungen bieten. Wäre es nur um einen ganz bestimmten Lehrinhalt in einem einzigen Fach gegangen, hätten seine Maßnahmen durchaus Erfolg haben und Dauerwirkung zeigen müssen. Bekanntlich versäuert ein wenig Sauerteig jedoch den ganzen Teig (1. Korinther 5,.6), und Christen sollen von solchem Sauerteig ganz frei sein.

Es ging also nicht nur um die sog. Geschlechtserziehung im Biologieunterricht, um bedenkliche Haltungen von Lehrern zu elterlicher Autorität, um verwerfliche Texte und Abbildungen in Schulbüchern, sondern um bzw. gegen den Geist der Zersetzung, der Unmoral und der Auflehnung gegen überlieferte Wertvorstellungen und gegen Gottes Ordnungen in der Schule. Das waren Dinge, die man gewissermaßen mit den Händen greifen konnte. Immer mehr Eltern mußten mitansehen, wie ihre Kinder aufsässiger und unkontrollierbarer wurden, auch in gläubigen Familien. Selbst wenn das Elternhaus in jeder Beziehung intakt ist, findet der „demokratische" Geist Eingang. Gefährlich ist es, zwar zu spüren, daß irgendetwas nicht stimmt, die Gründe dafür aber nicht nennen zu können. Das ohnmächtige Ballen der Faust bringt keinerlei Änderung, und Hoffnung auf eine Wende zum Besseren ist mehr als trügerisch. Wer den Feind im Visier hat und sich stark fühlt, mag vielleicht den Kampf beginnen. Für viele war - und ist - der Gegner aber überhaupt nicht greifbar, nicht einmal mit Namen zu nennen. Er ist allgegenwärtig, hat viele Gesichter und weitet seinen verderbenbringenden Einfluß unentwegt aus.

Stücher hatte in diesen schlimmen Erscheinungsformen den Geist des Tieres aus der Offenbarung erkannt. Er wußte, daß er ihm als Mensch nicht würde widerstehen können, da es sich um eine widergöttliche Macht handelte, die in der biblischen Prophetie genau vorausgesagt wird. Ein Einzelner kann sich einer solchen geistigen Macht nicht entgegenstellen, das wäre sinnlos und vermessen. So gab es nur einen gangbaren Weg: diesem anonymen Geist auszuweichen, wo immer das möglich war! Das konnte für ihn nur bedeuten, seine Kinder, die noch in der Schule waren bzw. gemäß Schulpflichtgesetz hineinmußten, nicht mehr in diese Institution zu schicken. Auf der einen Seite die gesetzliche Pflicht, die Kinder zum regelmäßigen Schulbesuch anzuhalten, auf der anderen die Gewissenspflicht, dem antichristlichen, emanzipatorischen Geist möglichst umfassend und auf Dauer auszuweichen. Dieses strikte Gegenüber zweier grundverschiedener Pflichten mußte einfach zu Schwierigkeiten führen. Da ein gläubiger Christ Gott mehr zu gehorchen hat als Menschen, war der Weg klar vorgezeichnet.

Am 4. August 1980 teilt Stücher der Hauptschule brieflich mit, daß seine beiden Kinder Elke und Hartwig, die den Grundschulbesuch abgeschlossen haben, „nicht mehr dem gottlosen, materialistischen und unsittlichen Geist des Sozialismus, dessen Stimme und Werkzeug die Schule hier und allerwärts geworden ist", ausgesetzt werden können. Er führt in seiner ausführlichen Begründung drei wesentliche Gründe: 1. die unsittliche, schamverletzende Sexualaufklärung, die den Kindern Natürlichkeit und Reinheit, Menschenwürde und Ehre raubt, die Heiligkeit der Ehe in den Schmutz zieht und die Elternehre herabsetzt; 2. die Evolutionslehre, die den Kindern ein materialistisches Weltbild nahebringt und durch ein formales, naturwissenschaftliches Denken die Grundlage des christlichen Glaubens angreift und 3. die in der Schule praktizierte Antiautorität und unnatürliche Emanzipation, die Auflehnung gegen Gott und Menschen bedeutet.

Die Schule verweist in ihrer Antwort auf das Schulpflichtgesetz, die Möglichkeit des Besuchs einer staatlich anerkannten Privatschule und auch darauf, daß Heimunterrichtung möglich sein könnte, wenn „Sie persönlich über einen staatlichen Lehrauftrag verfügen und im Sinne der Richtlinien in der Lage sind zu unterrichten."

Die beiden Kinder bleiben der staatlichen Schule fern. Der Vater beginnt im eigenen Hause mit dem Unterricht, obgleich er keine pädagogische Ausbildung vorzuweisen hat. Räumlichkeiten stehen in ausreichender Zahl zur Verfügung. Neben dem Vater beginnt die damals 17jährige Tochter Marianne zu unterrichten. Sie ist Hauswirtschafterin im elterlichen Haushalt und erweist sich schon bald als eine pädagogische Naturbegabung. Das Büro des Vaters ist so groß, daß ein runder Tisch hineingestellt werden kann, an dem Elke und Hartwig arbeiten und wechselseitig vom Vater und der älteren Schwester unterrichtet werden. Eine Spanische Wand trennt Schul- und Arbeitszimmer voneinander. Zunächst existiert noch keine Tafel, und auch Lehrerhandbücher fehlen. Was aber in keiner Weise fehlt, das ist die Bereitschaft auf Seiten der Unterrichtenden und der Kinder, das Bestmögliche in den Unterricht einzubringen.

Natürlich sind keine einschlägigen Erfahrungen vorhanden, Lehrstoffe unterrichtsgemäß zu vermitteln, aber das tut der Begeisterung keinen Abbruch. Der Vater hatte von Anfang an klargestellt, daß er kein Lehrer im üblichen Sinne sei und sie alle gemeinsam versuchen müßten, alles so gut wie nur möglich zu machen. Es wird nicht versucht, sich die Sache zu erleichtern, indem man bestimmte Fächer einfach nicht erteilt. Alle Fächer, die an den öffentlichen Schulen unterrichtet werden, findet man an dieser neuerstandenen Heimschule von Anfang an. Selbst Englisch, Sport und Musik werden gegeben. Für den Sport hat das Gartengelände unmittelbar vor dem Unterrichtsraum genügend Möglichkeiten bereit; darüberhinaus ist es Pausenplatz, Spielwiese und Erholungsort.

Aber das alles ist keine Idylle: Der Unterricht beginnt pünktlich um 8 Uhr; die Pausen werden genau eingehalten; das Unterrichtsende entspricht dem an staatlichen Einrichtungen. Der Stundenplan, der vom ersten Tag an vorhanden ist, wird befolgt und ist nicht etwa bloßes Aushängeschild für eventuell Besucher. Nach und nach werden weitere Unterrichtsmaterialien angeschafft. Die fehlenden Lehrerhandbücher können eingesetzt werden, als nach etwa vier Wochen Unterrichtsbetrieb ein Lehrer an einer staatlichen Hauptschule mit der Familie bekannt wird, der die Bücher besorgt. Zugleich berät er über Jahre in pädagogischen und fachbezogenen Fragen.

Klassenarbeiten werden geschrieben. Die Erledigung der Hausaufgaben ist eine Selbstverständlichkeit und erfolgt keineswegs im Rahmen des Unterrichts, sondern nach Schulschluß selbständig durch die Kinder. Da es im Hause keinen Fernseher und kein Radio gibt, werden die Kinder bei der nachmittäglichen Arbeit in keiner Weise abgelenkt und können den Vormittagsstoff wirklich vertiefen. Hausaufgaben sind keine Beschäftigungstherapie oder haben Alibifunktion für den Unterrichtenden, sie sind pädagogisch sinnvoll und für den Lernfortschritt wichtig. In dieser „klassischen" Form werden sie in der neuen Heimschule angewendet.

Eine Schulordnung wird erstellt und beachtet. Der Schultag beginnt stets mit einer bibelgemäßen Andacht. Was in dieser Frühphase eingeführt bzw. eingerichtet wird, bleibt über die Jahre bestehen. Ferien gibt es nach der landesüblichen Regelung. Nachdem die Schule ihren Namen bekommen hat, erhalten die Schüler zu den üblichen Terminen Zeugnisse. Zu Neujahr findet eine Schulfeier statt, im Sommer ein Schulfest, und über das Jahr verteilt stehen Ausflüge oder Wanderungen an. Sogar eine kleine Schülerzeitung wird ins Leben gerufen.

Als Stücher mit dem häuslichen Unterricht begann, wußte er nicht, daß es anderswo, wenn auch nicht in Deutschland, längst funktionierende Heimschulen gab. Diese Kenntnis erhält er erst später. Ebenso weiß er anfänglich nicht, daß es freie Bekenntnisschulen gibt, diese allerdings auf deutschem Boden. Er geht davon aus, daß seine Hausschule ganz und gar Neuland betritt und alle Erfahrungen eben selber gemacht werden müssen. Diese Unkenntnis über andere Schulen außerhalb des staatlich verordneten Schulsystems erklärt sich durch die bereits erwähnte Tatsache, daß es im Hause keinerlei moderne Kommunikationsmittel gab, auch keine regelmäßig gelesene Tageszeitung. Nur ein Telefon schafft schnelle Verbindung zur Außenwelt.

Freunde machen Stücher auf Bucherscheinungen aufmerksam, die das Schulsystem kritisch beleuchten und den verhängnisvollen Einfluß der „Frankfurter Schule" herausstellen. Zu nennen ist hier beispielsweise E.Lücks „Alarm um die Schule". Die Lektüre dieser Veröffentlichungen bestätigt, daß sich die neugegründete Hausschule auf dem richtigen Weg befindet: im Gehorsam auf das Wort Gottes die Kinder für ein verantwortungsbewußtes Leben in weitestgehender Unabhängigkeit von staatlicher Indoktrination zu erziehen und mit dem nötigen Wissen auszurüsten. Sehr bald zeigt sich, daß das Erziehungsmonopol des Staates diese Herausforderung als eine Kriegserklärung ansieht und entsprechend zur Schlachtordnung antritt.

Der Kampf mit den Behörden

Nachdem Stücher auf die Aufforderung der Hauptschule hin, Elke und Hartwig einen ordnungsgemäßen Schulbesuch zu ermöglichen, nicht mehr reagiert hatte, schaltet die Schule das zuständige Kreisschulamt ein. Der Schulamtsdirektor kommt zwei Wochen nach der Ankündigung, die beiden Kinder nicht mehr der öffentlichen Schule zu unterstellen, zu einem persönlichen Gespräch ins Haus. Die ursprünglichen Standpunkte - hier Elternhaus, da Schulbehörde - bleiben auch nach diesem Gespräch unverrückbar bestehen.

Am 22. August 1980 teilt das Schulamt die geplante Einleitung eines Ordnungswidrigkeitsverfahrens wegen Schulpflichtverletzung mit, das am 3. September einen Bußgeldbescheid von DM 500,00 zuzüglich DM 29,00 an Nebenkosten zur Folge hat.

Die Schnelligkeit, mit der dieses Bußgeld verhängt wird, setzt in Erstaunen: Einen Monat nach der formellen Abmeldung der Kinder von der Hauptschule ist der Strafbescheid da! Es gibt andere Fälle, in denen Kinder, meist mit Duldung der Eltern, den Unterricht zu wiederholten Malen unentschuldigt versäumen, oft genug vorsätzlich. Ehe jedoch die zuständige Schule diese Unregelmäßigkeiten an die nächsthöhere Stelle weitermeldet, verstreicht oft viel Zeit, weil man kein großes Aufsehen wegen der Sache machen will. Denn es geht durchaus nicht immer um das vermeintliche Wohl der Kinder, auch der Ruf der Schule wird durch solche Aktionen beeinträchtigt. Und das Vorspielen einer „heilen Welt" ist weit verbreitet.

Im Falle der Kinder Elke und Hartwig handelt die Behörde äußerst rasch. Daraus kann geschlußfolgert werden, daß die

Schulaufsicht die Außerordentlichkeit des Stücherschen Entschlusses sehr schnell erkannt hat. Mögliche Breitenwirkung, wenn sie auch zu dem Zeitpunkt noch sehr unwahrscheinlich ist, muß verhindert werden, um nicht das Schwanken eines ganzen Systems hervorzurufen; denn Präzedenzfälle sind nun einmal gefährlich.

Dem Bußgeldbescheid wird fristgerecht widersprochen, und damit landet das Verfahren beim Amtsgericht, das rund neun Monate später, Ende Juni 1981, einen Termin zur mündlichen Verhandlung anberaumt. Der Richter hatte sich die Schulbücher, die die Kinder hätten benutzen sollen, selber angesehen und stellt in der Verhandlung fest: „Da haben sich mir die Haare gesträubt, als ich das gelesen habe. Ihre Haltung (gemeint waren Stücher und seine Frau) in Ehren, aber da ist auch das Recht des Staates." Das Bußgeld wird um die Hälfte herabgesetzt, beträgt also nur noch DM 250,00 plus Verfahrenskosten. Als Begründung heißt es im Urteil u.a.: „ ... im Hinblick darauf, daß hier angesichts der vom Betroffenen zu unterhaltenden großen Familie und seinen wirtschaftlichen Verhältnissen auch die Familienangehörigen durch die Buße zugleich mitbelastet würden, die, soweit es die Kinder Elke und Hartwig angeht, durch das Verhalten des Betroffenen ohnehin schon benachteiligt und geschädigt werden."

Die hier zitierten wirtschaftlichen Verhältnisse waren jedoch keineswegs so, daß Stücher auch die anfangs verhängten 500 Mark nicht hätte zahlen können und seine Familie wesentliche Einbußen erlitten hätte. Annahme und Bezahlung des ersten oder auch des herabgesetzten Bußgeldes hätten aber letztlich bedeutet, daß staatliche und neutrale Institutionen wie Schulamt oder Gericht seinen Gewissensentscheid bzw. seine Glaubensüberzeugung umstürzen könnten.

So kann Stücher auch den verminderten Bußgeldbetrag nicht als gerechtfertigt anerkennen. Fast auf den Tag genau ein Jahr nach dem Schreiben an die Hauptschule, das dieses Verfahren ausgelöst hatte, legt er gegen das Bußgeldurteil Rechtsbeschwerde ein. Das Gericht habe weder die Beweisführung, die das Schreiben an die Schule enthielt, gewürdigt, noch die vorgelegten Beweismittel - Zeitungsartikel und eine Auflistung von Büchern, die sich kritisch mit Evolutionslehre und antiautoritärer Erziehung auseinandersetzen - überhaupt berücksichtigt.

Er predigt auch hier tauben Ohren: Dem Einspruch wird nicht stattgegeben. Stücher bezahlt desungeachtet das verhängte Bußgeld nicht und wird ersatzweise für fünf Tage in Haft genommen. Ein Tag Haft entspricht einem Betrag von DM 50,00.

Die Lokalzeitung berichtet über den Fall, aber in einer sehr tendenziösen Weise: Unverständnis, ja Häme für einen Vater, der seinen Kindern im Wege steht, wenn es um ihre Ausbildung und Vorbereitung auf den Lebenskampf geht. Er wird sogar bezichtigt, während der Haft einen dortigen Gottesdienst nachhaltig durch laute Zwischenrufe gestört zu haben. Das entspricht in keiner Weise der Wahrheit, ist andererseits in der Zeitung nie berichtet worden, obgleich Stücher den wirklichen Sachverhalt dem Autor des Artikels gegenüber klargestellt hatte.

Für viele in Stüchers Umgebung war diese Angelegenheit ein weiterer „Beweis" dafür, wie uneinsichtig und selbstsicher er nicht nur seinen Kindern gegenüber auftrete, sondern auch in der selbstverschuldeten Haft noch für Störungen sorge. Es ist leider so, daß sich vorgefaßte Meinungen hartnäckig halten und schwer oder gar nicht zu erschüttern sind. Dadurch wird aber auch ein wenig davon deutlich, wie viele Menschen sich mehr oder minder darüber gefreut haben müssen, daß es diesen „Querulanten" endlich einmal getroffen habe und er nun von seinem hohen Roß herabgestürzt worden sei.

Bereits vorher, im Mai 1981, hatte sich das Jugendamt der Stadt in den Fall eingeschaltet, nachdem es über die Schule vom dauernden Fernbleiben der beiden Kinder unterrichtet worden war. Die Sozialarbeiterin, der dieses „Delikt" zu Bearbeitung übertragen wurde, kommt zu mehreren Gesprächen, teils in Begleitung des Leiters des Jugendamtes, ins Haus und stellt schließlich fest: „Bei Ihnen stößt man gegen eine Mauer." Stüchers Antwort lautet: „Die Mauer ist Gottes Wort!"

Zum Schluß dieses Gespräches wird seitens des Jugendamtes die Bitte ausgesprochen, doch einmal allein mit den Kindern sprechen zu können. Die Eltern erklären sich mit einem unbehaglichen Gefühl dazu bereit, denn die Aussagen der Kinder könnten gegen Stücher und seine Frau verwendet werden. Beide beten inbrünstig, daß Gott das verhindern möge. Als nach vier Wochen die beiden Vertreter des Jugendamtes erneut kommen, ergibt sich ein hitziges Gespräch, das fast zwei Stunden dauert. Als der erregte Leiter des Jugendamtes schließlich gehen will, weist ihn seine Kollegin darauf hin, daß er doch die Kinder habe sprechen wollen. Er erwidert nur kurz: „Ich kann es jetzt nicht, ich bin zu erregt." Gott hatte wieder einmal ein ernstes Gebet erhört.

Das Jugendamt hatte aber seine Bemühungen durchaus nicht aufgegeben. Ende August 1981 stellt es beim Vormundschaftsgericht des Amtsgerichtes den Antrag, Stücher und seiner Ehefrau die elterliche Sorge für die Kinder Elke und Hartwig zu entziehen. In der Antragsbegründung wird u.a. ausgeführt: „Den Kindern fehlt die Konfrontation mit der Umwelt, auch Medieninformationen (Fernsehen, Radio, Zeitung) wird von den Kindeseltern ausgeschlossen ... Das Erlernen von Kritikfähigkeit als Fähigkeit der aktiven Auseinandersetzung mit der Umwelt, die als gesellschaftlich definiertes Lernziel gilt, ist nicht gewährleistet und läßt die Kinder zu Außenseitern der Gesellschaft werden ... (Die Eheleute) sind aus religiösen Gründen nicht gewillt und in der Lage, die Gefährdung des geistigen Wohles ihrer Kinder abzuwenden."

Obgleich seither viele Jahre vergangen sind, dürften auch heute zahllose Menschen ein solches (Vor-)Urteil vorbehaltlos unterstreichen. Zu sehr werden bestimmte Verhaltensweisen als einzig verbindlich angesehen, und jede Abweichung davon wird beargwöhnt und von Anfang an auszuschalten versucht. Der sog. Meinungspluralismus ist zwar als Phrase in aller Munde, die Praxis sieht hingegen meist ganz anders aus. Im Falle von Elke und Hartwig sowie der weiteren Kinder der Stücherschen Familie, die nicht mehr in die öffentliche Schule geschickt werden, zeigt deren spätere Entwicklung im persönlichen und beruflichen Bereich, daß die Befürchtungen des Jugendamtes rein theoretischer Natur sind und einem vorweggenommenen Fehlurteil entsprechen.

Bußgeldbescheide, Gefängnisaufenthalt, drohender Sorgerechtsentzug, Verdächtigungen, Anschuldigungen im engeren und weiteren Umfeld der Familie - üblicherweise bewirkt so etwas einen Meinungsumschwung zu Gunsten derer, die ihn auf diese Weise provoziert haben. Wahrheiten widerrufen haben schon prominentere Leute. Stücher und seine Frau gehen jedoch den einmal eingeschlagenen Weg folgerichtig weiter.

Während der Antrag auf Entzug des Sorgerechts noch läuft, erkennen sie, daß es dringend nötig ist, die zu dieser Zeit noch die staatliche Grundschule besuchenden Kinder Ruth und

Wilhelm vor Beginn von deren 3. bzw. 2. Schuljahr aus der Schule zu nehmen und ebenfalls zu Hause zu unterrichten. Auch dieses Mal wird eine ausführliche Begründung für diesen Schritt der Schule zur Kenntnis gegeben. „Als die Schulpflicht eingeführt wurde, hatte der Staat noch eine christliche Grundhaltung, die auch im Grundgesetz und Schulgesetz ihren Niederschlag fand. Wir haben mit vielen christlichen Eltern darauf vertraut, daß die Schule ihren göttlichen Erziehungsauftrag ernst nimmt und die christlichen Grundwerte fördert. Wie sehen wir uns getäuscht, ... daß die göttliche Ordnung nunmehr auch in der Grundschule von dem größten Teil der Lehrerschaft heimlich untergraben wird oder man sich offen nicht mehr daran hält." So lauten einige Sätze aus diesem Schreiben.

Währenddessen befaßt sich das Vormundschaftsgericht mit der Familienrechtssache. Zur Stellungnahme aufgefordert, legt Stücher erneut und mit großer Ausführlichkeit seinen Standpunkt dar, wobei er mit Kritik an dem völlig unsachlichen Vorgehen des Jugendamtes nicht spart: Die Gespräche wurden „unsachlich und polemisch in einer gereizten und erregten Stimmung" geführt, heißt es, und man war „nicht gewillt oder in der Lage, unseren geistlichen Standpunkt zu verstehen."

Bemühungen eines gläubigen Pastors einer Diakonissenmutterhausstiftung, der über das Jugendamt Kenntnis von dem anhängigen Verfahren bekommen hatte und um Mitwirkung gebeten worden war, eine Schule ausfindig zu machen, an der zumindest bibeltreue Lehrer unterrichten, zerschlagen sich. Die einzige infrage kommende Schule, eine Realschule, weckt bei Stücher sehr unangenehme Erinnerungen an die Zeit, als er im Missionsdienst gerade an dieser empfohlenen Schule in übler Weise beschimpft und angegriffen worden war.

Ungeachtet der Anstrengungen des Jugendamtes, den Eltern das Sorgerecht für ihre Kinder zu entziehen, geht der Unterricht der Hausschule in aller Ordnung nach biblischen Gesichtspunkten weiter. Die nunmehr vier Kinder werden vom Vater und der zweitältesten Schwester in zwei Klassen unterrichtet: Elke und Hartwig in der einen, Ruth und Wilhelm in der anderen. Beide Klassen, obschon im Kleinstformat, sind in getrennten Räumen untergebracht: Neben dem schon genutzten Büroraum des Vaters steht noch ein diesem vorgelagertes Zimmer zur Verfügung. Daß auch für die neue Kleinklasse ein Stoff- und Stundenplan erstellt wird, versteht sich von selbst.

Der zum 1. August 1982 schulpflichtig werdende Norbert wird gar nicht erst in die staatliche Grundschule eingeschult, sondern vom ersten Tag an zusammen mit seinen Geschwistern zu Hause unterrichtet. Somit umfaßt die private Heimschule jetzt fünf Kinder. Die Unterrichtsatmosphäre ist entspannt, der jeweilige Stoff kann viel schneller vermittelt werden, als es üblicherweise möglich ist.

Im Februar 1982 erweitert sich das kleine Kollegium der Unterrichtenden um eine weitere Person. Eine Nichte von Stücher, von Beruf Krankenschwester, fühlt sich gerufen, mit zu unterrichten. Sie gibt ihren Beruf auf und steht täglich sehr früh auf, um die etwa 50 km zu ihrem neuen Einsatzort zurücklegen zu können und pünktlich ihren Unterricht zu beginnen.

Gegenüber stehen sich der ruhige und geordnete Unterrichtsbetrieb auf der einen und massive Bestrebungen, der Familie zu schaden, auf der anderen Seite. Letztgenannte sind einmal die Anstrengungen von Jugendamt und Vormundschaftsgericht, das Sorgerecht zu entziehen, zum anderen aber viel Unverständnis und wohl auch ein wenig Schadenfreude bei denen, die sich zwar ebenfalls als Christen sehen, den Glaubensschritt der Familie jedoch nicht nachvollziehen können. Für sie ist Schule eine Einrichtung, in der Wissensvermittlung, Ordnung und Erziehung zu Werten noch bestens aufgehoben sind. Gerade gläubige Eltern haben es oftmals recht schwer, in Liebgewordenem schädliche Auswirkungen zu erkennen.

Die Tatsache, daß nicht nur Elke und Hartwig, sondern ebenso Ruth und Wilhelm und schließlich Norbert zu Hause unterrichtet werden, wird dem Jugendamt selbstverständlich umgehend bekannt, das wiederum das Amtsgericht informiert. Am 5.September 1983 werden die Eltern zum Termin auf das Amtsgericht vorgeladen. Das Ergebnis dieser Sitzung ist der Entzug des Sorgerechtes für die Eltern und die Einsetzung eines Pflegers. Jeglicher Kontakt zu den Kindern soll unterbunden und den Eltern auch nicht mitgeteilt werden, wo sich die Kinder befinden.

Ist das nun das Aus für die Heimschule und die Strafe für eine innere Haltung, die andere ohnehin nicht oder nur ansatzweise begreifen können? Zunächst sieht es so aus. Der Gerichtsbeschluß ist so bedrückend für die ganze Familie, daß unter den Möglichkeiten, das Unheil womöglich doch noch abzuwenden, auch der Gedanke an Flucht in ernsthafte Erwägung gezogen wird. Die Eltern kümmern sich um Kinderpässe bzw. lassen die vorhandenen verlängern. Freunde der Familie sind bereit, die Kinder für kürzere oder längere Zeit bei sich aufzunehmen, um sie dem Zugriff der Behörden zu entziehen. Für heimat- und ortsverbundene Eltern wiegen solche Gedanken besonders schwer. Sie sehen ihre Lage ähnlich der in Kapitel vier des Buches Esther geschilderten. Ungeachtet dessen geht der Hausunterricht wie gewohnt weiter. Immer wieder werden Möglichkeiten erörtert, der Wegnahme der Kinder zu entgehen.

Anfang Oktober erhält Stücher von der Nichte den Bibelspruch aus 2. Mose 14,14 hingelegt: „Der HErr wird für euch streiten, verhaltet ihr euch nur ruhig!" Dieser Satz läßt ihm schlagartig klarwerden: keine Flucht, ausharren, auf die Hilfe des HErrn warten! Die Angst ist nicht verschwunden, aber die Anspannung gewichen.

Zum Pfleger ist ein naher Verwandter der Familie bestellt worden. Sein Wirkungskreis umfaßt die Personensorge einschließlich des Erziehungs- und Aufenthaltsbestimmungsrechtes. Es ist eine alte Erfahrung, daß mit Verwandten oft schwieriger umzugehen ist als mit Fremden. Dieser Verwandte, sogar ein Mitbruder aus der christlichen Versammlung, die Stücher seinerzeit ausgeschlossen hatte, ist diesem nie sonderlich zugetan gewesen, grüßte ihn jahrelang nicht und verleumdete ihn übel. Nun erscheint er freundlich in Begleitung eines Freundes, reicht ihm sogar die Hand zur Begrüßung und stellt sich als Pfleger vor. Er kommt als Unterhändler des Jugendamtes, das ihn beauftragt habe, einen Lehrer anzubieten, der über das Amt bezahlt werden solle. Stücher lehnt ab. Nach dieser Antwort ändert sich die Miene des Besuchers, und er sagt kalt zu Stücher gewandt: „Wenn Du so stur bist, dann werden die Kinder in ein Heim kommen, ich werde mich selbst darum bemühen. Die Kosten belaufen sich auf monatlich 700 Mark."

Bei fünf Kindern wären das im Monat DM 3.500,00 gewesen, der sichere finanzielle Ruin für die Familie. Als die beiden bereits im Gehen begriffen sind, wendet sich der Freund des neuen Pflegers noch einmal um und fragt: „Kennst Du keine Gnade?" Das ist eine Frage, die den Gegebenheiten überhaupt nicht gerecht wird. Soll das heißen, der Vater opfere seine Kinder? Das Gegenteil ist zutreffend, und Gnadenlosigkeit kennzeichnet eher die Besucher.

Der unmittelbare Schritt auf diesen Besuch hin ist die flehentliche Bitte zum HErrn, die Familie von diesem Pfleger zu erlösen, mit dem sich auseinanderzusetzen, eine nicht enden wollende Qual bedeutet hätte. Die Liebe zu diesem Verwandten war auf Stüchers Seite keineswegs erloschen, aber Einseitigkeit in der Liebe ist etwas sehr Unvolkommenes und Niederdrückendes. Ob Gott Gebete erhört und wann, liegt in Seiner Weisheit beschlossen. In diesem Falle ist die Erhörung greifbar nahe, denn der Pfleger bekommt Angst vor den vielen Unwägbarkeiten und legt sein Amt nieder. Zwei Wochen nach Bestellung des ersten Pflegers wird dieser gerichtsseitig durch einen anderen ersetzt: auch wieder ein Verwandter, aber nur ein weitläufiger.

Beim ersten Besuch im Hause der Eltern seiner Pflegebefohlenen stellt er gleich zu Beginn an Stücher die angstvolle Frage: „Wirst Du mich verfolgen?" Der schaut ihn verständnislos an wie seinerzeit den Begleiter des erstbestellten Pflegers bei dessen Frage und denkt nur: Wer verfolgt denn hier eigentlich wen?!

Der neue Pfleger gehört zu einer freien Gemeinde und ist in der Gefangenenmission sehr engagiert. Zu einem früheren Zeitpunkt hatte er sich einmal kräftig über Stücher geärgert, als der ihn in einer innerfamiliären Angelegenheit trösten wollte, jedoch falsch verstanden wurde.

Zweifellos ist der zweite Pfleger das kleinere Übel, aber es bleibt ein Übel. Im Hause ihrer Eltern werden die Kinder einem Beauftragten eines staatlichen Amtes unterstellt, der letztlich darüber zu entscheiden hat, wo die Kinder sich aufhalten dürfen und erzogen werden. Ein Verwandter gibt sich für eine solche Aufgabe her, zugleich fürchtet er sich davor. Und das geschieht gleich zweimal hintereinander! Dahinter steckt mehr, als diese vordergründigen Erscheinungsformen einer Amtsausübung verraten. Sie sind gleichsam als Vorposten anzusehen, und auch das wiederum in einem doppelten Sinne. Einmal stehen sie für alle diejenigen weltförmigen Christen in Stüchers Umgebung, die sich über ihn geärgert haben, als er mit Traktaten von Ort zu Ort zog, sie vor großen christlichen Versammlungsorten verteilte oder vor und in Schulen missionierte, wobei die Aufforderung zur Umkehr vom bisherigen Weg und Bußetun nie gefehlt hatten. Daß Stücher das gerade in einer Gegend getan hatte, die als fromm galt, macht für ihn die Sache nur noch schlimmer. Wer sich seiner Glaubensposition sicher glaubt, muß den Mahner als Störenfried ansehen, den man irgendwie und irgendwann zum Verstummen bringen möchte. War diese Schulpflichtverweigerung nicht ein guter Anlaß dafür, den Unbequemen in die Knie zu zwingen?!

Andererseits muß man bedenken, daß Menschen und Institutionen Werkzeuge unsichtbarer Mächte sind - im guten wie im schlechten Sinne, abhängig allein davon, wem sie dienen. An anderer Stelle war in diesem Buch schon ausführlich die Rede von dem, was die Macht und Einflußsphäre des Tieres der Offenbarung ausmacht. Es ist keinesfalls so, daß nur Weltmenschen und dem Glauben Fernstehende solche Handlangerdienste für Hintergundmächte zu leisten haben. Den dämonischen Mächten sind die Schwachstellen jedes Menschen bekannt. Je verweltlichter Gläubige sind, desto größer die Angriffsfläche für die zersetzenden Kräfte, auch wenn die gar nicht als verderbenbringend erkannt werden. Wer die ungeheure Macht des Tieres leugnet, wird am allerwahrscheinlichsten mit zu dessen Beute gehören; denn nicht die Zugehörigkeit zu einer bestimmten Kirche oder Gemeinde ist ausschlaggebend, sondern in Demut, Duldsamkeit und festestem Vertrauen den Weg des Gehorsams gegenüber Gottes Wort zu gehen, wie dieser Weg auch verlaufen mag.

Dieser Oktober des Jahres 1983 bringt im übrigen eine bundesweite Aufmerksamkeit auf die Schulverweigerer-Familie. Auslösendes Element ist eine dpa-Meldung, die von einem Freund des zweiten Pflegers, einem Journalisten, abgesetzt worden war. Mitarbeiter der verschiedensten Zeitungen geben sich die Türklinke in die Hand. Die BILD-Zeitung berichtet unter der Überschrift: „Ist dieser Mann ein Spinner?" kurz und bündig: „Wir haben ihn besucht, nette Kinder." Eine Illustrierte, der sog. Regenbogenpresse zugehörig, will einen Artikel bringen, der jedoch wegen des Fotografierverbotes im Hause nicht zustandekommt. Ein Fernsehreporter wird ebenso abgewiesen, obgleich er sich auf inständiges Bitten und Betteln verlegt. Auch in diesen Dingen hat Stücher einen klaren Standpunkt: Unser Haus soll ein Heiligtum bleiben; jeder kann kommen, aber nicht zur Befriedigung der Neugierde der Welt.

Durch die Medienberichte werden viele Menschen auf die Situation aufmerksam, bemühen sich um die Anschrift der Familie und schreiben, rufen an oder stehen urplötzlich vor der Haustür. So auch eine Frau, die an einem Sonntagmorgen mitten in den Gottesdienst hineinstürzt und davon berichtet, daß man ihr mit Hilfe von acht Polizisten das Kind vom Arm gerissen habe und sie nicht wisse, wo es jetzt sei. Ihr geschiedener Mann hatte den Sorgerechtsentzug beantragt. Durch die Zeitung hatte die Frau von dem Fall Stücher erfahren. Letztgenannter verwendet sich bei dem für die Frau zuständigen Jugendamt und führt ein Gespräch mit ihrem Rechtsanwalt. Von dem erfährt er u.a., daß es bei geschiedenen Ehen zu den Alltäglichkeiten gehört, Kinder mit Polizeigewalt wegzunehmen, wobei das - nach Aussage von betroffenen Polizisten - zu deren schmutzigsten Arbeiten gehört.

Stücher gibt bei einem Gespräch mit einem Zeitungsvertreter offen zu erkennen, daß er die Züchtigung mit der Rute bejaht, ohne selber davon wesentlichen Gebrauch zu machen. In der Zeitung erscheint die Aussage dann so: „Er sagt: Wer seinen Sohn liebt, der züchtigt ihn." Das in gleicher Sache befragte Jugendamt äußert zum Verhalten der Kinder: „Es sind die besterzogensten Kinder, die man sich vorstellen kann."

Diesen Eindruck haben auch viele Nachbarn der Familie, die ausgefragt werden. Sie bekunden den Zeitungsleuten unumwunden: Wenn ihr den Kindern etwas antut, gehen wir alle auf die Barrikaden! Ausgelöst werden solche Reaktionen durch unbekannte Personen, die in dieser Zeit oftmals in der Straße und vor dem Haus beobachtet werden und Informationen zu sammeln versuchen. Es rauscht im Blätterwald des ganzen Landes. Die Darstellungen sind recht unterschiedlich, aber weitestgehend doch von Sachlichkeit geprägt. Die bei Stücher aufgrund dieser Artikel eingehenden Zuschriften sind mehrheitlich zustimmend, aber es gibt auch Kritik und Unverständnis an seinem Verhalten. Aus vielen Zuschriften wird deutlich, daß anderswo die Schulnot ebenfalls groß ist und daß das Stüchersche Beispiel Mut macht, ähnlich zu verfahren.

Was in der Bundesrepublik Deutschland als Pioniertat erscheint, ist in vielen Nachbarländern nichts Außergewöhnliches, denn dort ist der Hausunterricht erlaubt, wenn bestimmte Voraussetzungen erfüllt werden. In Kanada und den USA werden Tausende und Abertausende von Kindern in sog. Home-Schools unterrichtet, ohne daß es Schwierigkeiten mit staatlichen Stellen gibt.

Mitte Dezember 1983, an einem Freitagnachmittag, unternimmt der Pfleger den letzten Versuch einer Vermittlung. Er kommt gemeinsam mit einem gläubigen Lehrer ins Haus. Beide versuchen, Stücher zur Einsicht und zum Einlenken zu bewegen. Einesteils drohen sie, dann locken sie wieder: Das

Jugendamt wäre bereit, einen Lehrer zu stellen und ihn zu bezahlen. Die Schulen seien zwar keineswegs gut, aber man dürfe die Schulpflicht nicht verletzen, schließlich habe der Christ der Obrigkeit zu gehorchen. Stücher erinnert sie an das Versammlungsverbot des Jahres 1937, als die wirklich Gläubigen die Verfolgung wählten und Gottes Gebot über ein von Menschen gemachtes stellten. Als die Rede auf den Anti-Christen kommt, werden die unterschiedlichen Meinungen erneut deutlich. Die beiden Besucher sind der Auffassung, dieser Widerchrist komme erst nach der Entrückung der Gemeinde; was ihn noch zurückhalte, sei die Obrigkeit, die für Ordnung sorge. Stücher kontert: „Seht ihr nicht, daß der Abfall rapide fortschreitet? Die Obrigkeit fördert ihn sogar durch ihre liberale Gesetzgebung und mit der Schule und den Medien. Und der Antichrist wird sich auch in den Tempel Gottes setzen, sagt Paulus, und das ist die Gemeinde." Die beiden wenden ein, das sei allein seine Deutung, denn gerade die Gemeinde halte doch den Antichristen zurück. Stücher daraufhin: „Die Ausgangsfrage ist doch nicht, was den Abfall oder den Gesetzlosen zurückhält, sondern den ‚Tag des HErrn'. Paulus erklärt, was und wer den Tag zurückhält, nämlich der noch im Geheimen wirkende Gesetzlose, der ja nicht ans Licht will, weil er dann sofort gerichtet wird."

Die Meinungsverschiedenheiten sind nicht aus der Welt zu schaffen. Wenn schon dieser gläubige Lehrer eine solch andere Schrifterkenntnis habe, könne erst gar nicht ein vom Jugendamt bestellter die Kinder der Familie unterrichten.

Damit ist der letzte Einigungsversuch gescheitert. Der Pfleger drängt zur Eile: „Also, ich werde Montag früh handeln!" Stüchers Antwort: „Wenn du das tust, machst du einen Judassturz. Wer die Kinder antastet, tastet den Augapfel Jesu an." Beide Besucher verabschieden sich schnell und mit

Bestürzung. Im Flur sagt der Pfleger noch, wobei es feucht in seinen Augen schimmert: „Rufe mich am Sonntagabend noch an, damit ich das Schlimmste nicht tun muß."

Bis zu diesem Augenblick hat der Vater um seine Kinder gekämpft, aber jetzt fühlt er sekundenschnell, sie loslassen und dem HErrn übergeben zu müssen. Er ist am Ende seiner Kraft. Wenn seine Erkenntnisse über das Tier richtig sind, so muß Gott nun eingreifen. Oder sollte er zu schwarz gesehen haben und seine Deutung nicht stimmen? Wie aus tiefstem Innern kommt seine Antwort auf den letzten Satz des sich verabschiedenden Pflegers: „Es wird nicht geschehen!"

Wird es tatsächlich nicht geschehen, daß am folgenden Montag die fünf Kinder gegen den Willen der Eltern abgeholt und irgendwohin fortgebracht werden? Die Antwort kennt in diesem Augenblick nur der HErr selbst.

Am Sonntagabend kommt eines der Kinder von einem Besuch bei Stüchers älterer Schwester zurück und übergibt den Eltern einen Zettel von ihr. Auf dem steht, sie sollten einmal 2.Chronika 20 lesen. Das ist die Geschichte von Josaphat, der angesichts der anziehenden Ammoniter und der eigenen Kraftlosigkeit zu Gott fleht, die Sache selber in die Hand zu nehmen. Und Gott greift ein, stellt den Ammonitern einen Hinterhalt, und als Israel heranzieht, haben sich die Gegner bereits selbst gerichtet. Der Trost aus dieser biblischen Erzählung ist überreichlich, und beide Elternteile beschließen in größter Einmütigkeit, mit Loben und Danken allein den Blick auf den HErrn gerichtet zu halten und Seine Hilfe zu erwarten.

Der nächste Tag, Montag, 19. Dezember 1983, beginnt früher als sonst im Hause Stücher. Ausgenommen die ganz Kleinen, versammelt sich die Familie im großen Wohnzimmer.

Die Haustür ist fest verriegelt: Die Häscher sollen es nicht so leicht haben, ungehindert ins Haus dringen zu können. Aber was könnte ein Türschloß schon an Schutz bewirken, wenn sie auch hinten herum kommen könnten?! Furcht und zugleich Hoffnung sind die vorherrschenden Gefühle, ganz besonders bei den Eltern. Es wird gebetet und gesungen, lange und eindringlich. Wird es jeden Augenblick klingeln? Wird man versuchen, an die Fenster zu klopfen oder an die Hintertüren oder die sogar aufzubrechen? Eine Stunde vergeht, dann noch eine halbe. Um acht Uhr beginnt üblicherweise der Unterricht. Und dann ist es allen innerlich klar, und der Vater ruft es laut mit Jubel in der Stimme aus: „Kinder, die Gefahr ist vorüber!" Der Unterricht kann beginnen. Er beginnt mit Lob und Dank aus übervollem Herzen. Der Tag X fand nicht statt.

Am Dienstag geschieht ebenfalls nichts. Am Mittwoch erscheint der Pfleger und entschuldigt sich in gewisser Weise dafür, daß er nicht habe handeln können. Am Sonntagabend hätten ihn so starke Bedenken befallen, die Kinder gewaltsam aus dem Elternhaus zu holen bzw. holen zu lassen, daß er alle an der Sache Beteiligten - Schulamt, Jugendamt, Gericht und Polizei - für Dienstag zu einer nochmaligen Zusammenkunft bestellt hätte. Auf dieser Sitzung habe es dann Streit gegeben, und jeder habe jedem irgendwelche Vorwürfe gemacht. Von Einigkeit sei nicht die Spur vorhanden gewesen. In diesem Durcheinander habe er, der Pfleger, dann gesagt: „Solange ihr euch nicht einig seid, handle ich nicht!"

Das war also die Rettung gewesen! Das Wort des HErrn aus der Josaphatgeschichte hatte sich auch hier buchstäblich erfüllt: „Fürchtet euch nicht und erschrecket nicht vor dieser großen Menge; denn nicht euer ist der Streit, sondern Gottes!" Gott macht selbst ausgeklügelte menschliche Planungen zunichte. So war, wie die Familie es zu einem späteren Zeitpunkt erfährt, die Umstellung des Hauses in der Morgenfrühe geplant. Man kannte alle Nebeneingänge und möglichen Fluchtwege, denn das Haus war lange genug vorher genau beobachtet worden. „Wir waren ahnungslos, Engel müssen unser Haus umstanden haben", erzählt Stücher.

Einstweilen ist also die Wegnahme der Kinder vom Tisch. Aber noch geben sich Pfleger und Gericht nicht geschlagen, vor allem deswegen nicht, weil sie nicht ins Kalkül ziehen, daß letztlich immer Gott das letzte Wort hat, daß Er Gläubige und Nicht-Gläubige so lenken kann, wie diese es oft nicht einmal ahnen.

Ende Januar 1984 kommt der Pfleger wieder, dieses Mal in Begleitung eines Journalisten, den er gut kennt. Dieser Zeitungsmann ist in evangelikalen Kreisen kein Unbekannter, denn er führt eine scharfe Feder. Auch Stücher hatte mehrere Male als Zielscheibe für seine Zeitungsartikel gedient. Verständlich, wenn dessen erste Reaktion, ob dieser Mann das Haus betreten dürfe, Ablehnung ist. Der Pfleger nimmt der Sache die Spitze, indem er seinen Begleiter als mitgekommenen Freund und nicht als Journalisten vorstellt. Somit dürfen beide eintreten. Sogleich erklärt der Pfleger den Anlaß des Besuches: „Das Gericht drängt uns, wir müssen handeln. Wir werden aber nicht sagen, wann wir kommen." Das „wir" macht Stücher stutzig: Da kann nur der Zeitungsschreiber mitbeteiligt sein! Und wie aus einer inneren Eingebung heraus wiederholt er, was er Wochen vorher schon einmal gesagt hat: „Wenn du das tust, machst du einen Judassturz!" Aber er fügt dieses Mal noch etwas hinzu: „Warum kommt das Gericht nicht einmal her und prüft unsere Schule? Sie tun immer so, als würden wir die Kinder nicht unterrichten."

Bei dem evangelikalen Zeitungsmitarbeiter funkt es: Das wäre eine Idee! Stücher hat nichts gegen einen Gutachter einzuwenden, ja, er könne sogar selber einen benennen: einen befreundeten Lehrer, der gerade vor zwei Wochen einen Besuch gemacht hatte, nachdem längere Zeit keine Kontakte mehr bestanden hatten. Der Mann von der Zeitung bietet an, in dieser Sache selbst an das Gericht schreiben zu wollen, so daß der Pfleger überhaupt nicht tätig werden müsse. Das geschah dann auch, und das Schulamt ordnete zu einem späteren Zeitpunkt fünf Lehrer ab, die eine Woche lang dem Unterricht beiwohnten und die Schüler prüften, wobei die als „gut gefördert" beurteilt wurden.

Gerade am Vorabend des Besuches von dem Pfleger und dessen Freund hatten die beiden ältesten Söhne mit einiger Mühe ausgediente Schultische und -stühle aus einer Schule abgeholt. Der Hausmeister hatte unbedingt wissen wollen, was mit den Möbeln geschehe und deswegen sogar Rückfrage beim Schulamt gehalten. Trotz ausweichender Antworten der beiden Abholer wurden Tische und Stühle schließlich übergeben. Nun ist die Hausschule auch äußerlich sofort als Schule zu erkennen. Stücher zeigt dem Freund des Pflegers die Schulräume, während dort gerade Unterricht ist. Der ruft begeistert aus: „Das ist ja wie in einer alten Dorfschule!" Er ergreift den Zeigestock, stellt sich vor die Kinder und ruft aus: „Kinder, hier passiert nichts!"

Innerhalb kürzester Frist ist aus dem strikten Gegner von Stücher und dessen Haltung in Sachen Schulpflicht ein nahezu begeisterter Befürworter geworden. Daß dieser Wandel tatsächlich von Dauer ist, beweist z.B. eine Äußerung des Mannes, als er zu einem späteren Zeitpunkt einmal Stüchers Frau gegenüber meint: „Wenn die euch etwas tun, schlage ich sie mit der Zeitung tot!"

Der Pfleger drängt darauf, gegen den Beschluß des Amtsgerichts zum Sorgerechtsentzug förmliche Beschwerde einzulegen. Das geschieht Anfang Februar 1984. Der Fall landet damit bei der nächsthöheren Instanz, dem Landgericht. Anfang März kommt es zur Anhörung, zu der die Eltern, ihre zu Hause unterrichteten Kinder, die beiden Lehrpersonen und der Schulamtsdirektor geladen werden. Letzterer läßt eine knappe Stunde vor Terminbeginn mitteilen, daß er sich in Urlaub befinde und daher nicht erscheinen könne, um die Schüler zu prüfen. Das Befremden über diese kurzfristige Absage ist dem Richter deutlich anzumerken, und er erklärt, unter diesen Voraussetzungen sei die Sitzung eigentlich witzlos. Dennoch kommt es zu einer sachgerechten Anhörung, zu der selbstverständlich auch der bestellte Pfleger zugegen ist. Der erklärt, bei Übernahme des Pfleger-Amtes eine andere Vorstellung gehabt zu haben, was getan werden müsse, als er sie jetzt habe. Er habe geglaubt, es mit einer zwangsweisen Zuführung der Kinder zur Schule versuchen zu müssen. Durch mehrfache Kontakte mit der Familie habe er aber die Kinder „in ihrem Verhalten als ganz normale, unbeschwerte und fröhliche Kinder" kennengelernt und sei der Auffassung, daß der im Hause erteilte Unterricht „weitgehend dem entspricht, was auch in der staatlichen Schule gelehrt wird."

Um seiner Aufsichtspflicht zu genügen, war der Pfleger in größeren Abständen immer wieder einmal bei seinen Pflegebefohlenen erschienen. Er versäumte bei diesen Besuchen nahezu nie, seine Befürwortung des Heimschulunterrichts zu bekräftigen. „Macht nur weiter so!" war ein Satz, den er bevorzugt gebrauchte. Das konnte auf die Dauer weder Schulamt noch Gericht verborgen bleiben. Und eines Tages hielt man ihm offiziell vor: Sie arbeiten ja für den Stücher!

Was sollte das Gericht nun tun? Am 6. Juni 1984 beschließt es, den Eltern das Sorgerecht für ihre Kinder zurückzugeben mit der Einschränkung, „das Recht, die schulische Ausbildung der ... Kinder zu bestimmen, und das Aufenthaltsbestimmungsrecht, soweit die Durchführung der schulischen Ausbildung eine Ortsveränderung der Kinder erforderlich macht," einem Pfleger zu übertragen. Ferner erfolgt die Anordnung, daß die Kinder zur sog. Fremdenprüfung anzumelden sind, wenn sie ihrer Schulbildung Genüge getan haben. Die Kosten des Verfahrens belaufen sich auf DM 48,50, die der Gerichtskasse umgehend überwiesen werden.

Als die Presse von der Gerichtsentscheidung erfährt, wird Stücher erneut bestürmt. Ein Rundfunkinterwiev lehnt er ab, ebenfalls das Auftreten in einer aktuellen Fernsehsendung. Als man den Kultusminister des Bundeslandes zu der Angelegenheit befragt, ist der fassungslos. Die Zeitungen schreiben vom Sieg der Familie, in Wirklichkeit ist es jedoch der Sieg des HErrn Jesus Christus.

Viele Gläubige sind froh und dankbar für den Ausgang dieses langjährigen Verfahrens. Es gibt aber andere, die wütend reagieren und noch ablehnender, als sie es schon vorher getan hatten. Die geistliche Auseinandersetzung ist also noch keineswegs beendet.

Doch die Zeit bewirkt auch Änderungen in der Einstellung der strikten Gegner. Bei einem Besuch des Pflegers kommt die Rede u.a. auf Stüchers Vorgehen im Zusammenhang mit der Großevangelisation des Jahres 1971. Diejenigen, die ihn damals heftig befehdeten, so erwähnt der Pfleger, gäben ihm jetzt recht: Es sei zu oberflächlich gearbeitet worden.

Jahre später, am 27. Dezember 1989, wird die Pflegschaft aufgehoben, und die Eltern erhalten das Recht auf Schulausbildung ihrer Kinder zurück, da „eine Gefahr für das Wohl der Kinder nicht mehr besteht."

Der Kampf mit den Behörden ist damit beendet. Über neun Jahre hatten sich die Auseinandersetzungen hingezogen. Der Aufwand an Zeit, Geld und Nervenkraft war gewaltig, das gilt für alle Beteiligten, wenn auch am allerwenigsten für diejenigen, um die es immer ging: die zu Hause unterrichteten Kindern, über denen der HErr von Anfang an Seine gütige Hand in besonderer Weise ausgestreckt hielt.

Die Arbeit in der christlichen Hausschule lief während all der Jahre unbeschadet weiter. Sieger in diesem Kampf war Jesus Christus selbst. Wer hätte Ihm auch widerstehen können?!

Die Schule bekommt einen Namen

Gott selber hatte seine Hand schützend über Kindern und Eltern gehalten, als fünf Tage vor Weihnachten 1983 die Fortnahme der Schüler durch staatliche Orange drohte. Stücher fühlte sich damals ein wenig erinnert an den Versuch des Herodes, das Jesuskind töten zu lassen.

Wenn der HErr jedoch eine geöffnete Tür gegeben hat - hier die der privaten Heimschule -, vermag niemand sie zu schließen, selbst wenn der Satan selber es versuchte.

Diese kleine Privatschule ist nicht allein die Auswirkung geistlicher Erkenntnisse und die Folge immer chaotischer werdender Verhältnisse in den öffentlichen Schulen; sie ist mehr. Wenn Stücher auch den Weg der Absonderung seiner schulpflichtigen Kinder, zumindest in der Anfangszeit, nur mit familiärer Unterstützung gehen kann, so ist doch noch ein anderer Gedanke da. Erst ist er unterschwellig vorhanden, dann tritt er immer klarer hervor: Diese Schule soll ein verbindendes Element zu den christlichen Brüdern sein! Die Ablehnung, die ihm mit seiner entschiedenen Haltung entgegenschlägt, die Verdächtigungen, Verleumdungen, das Unverständnis - all das kann in Stücher den Gedanken nicht ersticken, diese Heimschule als ein bescheidenes Werk anzusehen, das die Gläubigen wieder verbinden könnte: einmal untereinander im festen Vertrauen, daß der HErr auch in Sachen Schule die rechte Lösung bereit hat, zum anderen zur Wiederherstellung brüderlicher Beziehungen zu Stücher selber, dem vermeintlich Abtrünnigen. So wird ihm denn klar, der Schule den Namen „PHILADELPHIA-SCHULE" geben zu sollen: ein Schulwerk der Bruderliebe, das die Brüder wie im sechsten Sendschreiben verbinden soll (Offb. 3, 7-13). Diese Entscheidung fällt am 24. Dezember 1983.

Er schreibt verschiedene Gemeinden an, berichtet voller Freude von der Führung Gottes in der Angelegenheit und von dem Sieg des Glaubens, den er nicht nur mitteilen, sondern zu Gottes Ehre auch mit anderen teilen möchte. Von keiner der Gemeinden kommt irgendeine Antwort. Auch Bruderliebe kann sehr einseitig sein.

Durch die bei einer öffentlichen Schule ausgemusterten Schulmöbel, die ab Januar 1984 der Philadelphia-Schule auch äußerlich das Gepräge einer ordnungsgemäßen Schule geben, läßt es sich weitaus bequemer arbeiten. Die Zahl der Unterrichtenden erhöht sich: Wolfgang, der älteste Sohn, übernimmt den Physik-Unterricht für seine Geschwister, und die im Hause wohnende Tante, Schwester von Stücher, bringt ihre Fertigkeiten als Handarbeitslehrerin ein. Fünf Schüler haben die gleiche Anzahl von Lehrern - das muß doch für alle Beteiligten eine große Freude sein!

Unterrichtsmaterialien sind für jeden Schüler und für den allgemeinen Gebrauch in ausreichender Menge vorhanden; keiner muß vom anderen irgendetwas ausleihen. Jeder Unterrichtsraum hat seine eigene Tafel; Ständer, Wandkarten, Experimentiergeräte und Bastelmaterialien stehen zu Verfügung.

In einem Gutachten eines befreundeten Lehrers vom Februar 1984 heißt es u.a.: „Der Unterricht, obwohl von Laien gegeben, war gut vorbereitet, wobei von den Lernzielen teilweise zu anspruchsvoll vorgegangen wurde. Die Abschätzung, was pädagogisch sinnvoll und machbar ist, fällt den Unterrichtenden mitunter schwer, so daß sie sich selbst unter Erfolgszwang setzen... Trotz hoher Anforderungen ist die Arbeitshaltung der Kinder gut und von Kontinuität geprägt. Die in Grund- und Hauptschulen weitverbreitete Haltung des Desinteresses und der offenen Ablehnung gegenüber Stoff und Lehrpersonen konnte keinen Augenblick beobachtet werden... Die Unterrichtsatmosphäre war gelöst, aber keineswegs locker."

Vier Jahre nach Beginn des Unterrichtsbetriebes der Schule wird im August 1984 das sechste Kind der Familie eingeschult. Eigentlich hätte Esther, die jüngste Tochter, noch ein Jahr warten müssen, da sie nach dem amtlichen Stichtag für die Einschulung geboren wurde; aber es war ihr sehnlicher Wunsch, so bald wie möglich auch in die Schule gehen zu dürfen. Als der Pfleger sie eines Tages vor der Haustür antrifft und sie fragt: „Na, Esther, in welche Schule willst du denn gehen?", schaut sie ihn verwundert an und antwortet: „Beim Vater!"

Immer noch berichten Zeitungen über die nunmehrige „Philadelphia-Schule". Die Einschulung Esthers läuft unter folgender Kopfzeile durch den Blätterwald: „Alle Kinder dürfen in die Schule, nur die 6jährige Esther nicht." Das Fernsehen erhält ein weiteres Mal keine Filmerlaubnis. Stücher sagt dazu: „Wir wollen der Welt kein Schauspiel geben, zumal wir selbst kein Fernsehen haben. Gott sei Dank, daß wir keine Television brauchen, sie würde nur unser harmonisches Familienleben zerstören."

Anfangs September 1984 stellt der Pfleger beim zuständigen Kultusminister den Antrag auf Anerkennung der privaten Hausschule als Ersatzschule. Das Ministerium lehnt ab, erklärt sich aber bereit, die Schule weiterhin zu dulden, falls der Unterricht für die Kinder geeignet sei, „sie hinlänglich auf eine Fremdenprüfung zur Erlangung des Hauptschulabschlusses vorzubereiten". Einige Unrichtigkeiten hinsichtlich von Stüchers Glaubenseinstellung und seinen Familienverhältnissen werden von ihm in einem Brief von Anfang Februar 1985 an das Kultusministerium richtiggestellt. Er kann sich dabei einiger Spitzen nicht enthalten, u.a. schreibt er: „Sie müssen sich wohl oder übel mit der Existenz einer christlichen Hausschule abfinden, die mit Gottes Hilfe weiter ausgebaut wird. Verstehen Sie dies bitte nicht als Anmaßung, sondern als Entschlossenheit. Wir fühlen uns durch Ihre Uneinsichtigkeit brüskiert."

Zu den sechs zur Familie gehörenden Schulkindern kommen ab September 1984 die ersten fremden Schüler, bei denen es sich um Kinder aus der engeren Verwandtschaft handelt: Frieder tritt ins 5. Schuljahr ein, seine Schwester Klaudia ins 4. Obwohl diese neuen Schüler jeweils etwa 45 km zu fahren haben, sind auch sie mit Eifer bei der Sache. Und sie bringen ihre Lehrerin gleich mit bzw. diese die Kinder: Ursula, ihre ältere Schwester, die bis Mitte 1985 in der Philadelphia-Schule arbeitet.

Der Physik-Unterricht, den anfangs Wolfgang gegeben hatte, wird nun von einem Neffen Stüchers übernommen, einem Diplom-Ingenieur. Im November 1984 stößt mit Lehrer Klaus ein ausgebildeter Lehrer zur Heimschule und wird vollzeitlich bei ihr angestellt. Gleichzeitig wird Ursula, die gelernte Krankenschwester, von ihrer leiblichen Schwester Elisabeth beim Unterrichten abgelöst.

Mit dem Ende des Schuljahres 1984/85 gibt es die erste Entlassung aus der Philadelphia-Schule: Elke und Hartwig haben ihre Schulzeit beendet und gehen ins Berufsleben.

Mit Beginn des neuen Schuljahres 1985/86 kommen aus einem etwa 15 km entfernten Nachbarort zwei neue Schülerinnen: Friederike und ihre zwei Jahre jüngere Schwester Georgine. Ein Heimschüler aus Stuttgart, Günther, ist mehrmals für einige Wochen zu einer Art Blockunterricht anwesend, sonst wird er in seinem Elternhause schulisch betreut. 1987 wird mit Gerhard das letzte eigene Kind der Familie Stücher eingeschult. Ebenfalls zu diesem Zeitpunkt kommt ein weiteres fremdes Kind hinzu, so daß sich - mit einem gleichfalls aufgenommen Sonderschulkind - die Schülerzahl auf zehn erhöht hat.

Die vielen landesweiten Zeitungsberichte hatten für einen hohen Bekanntheitsgrad des „Falles" Stücher gesorgt. Eltern, denen die Schulnot ihrer Kinder in gleichem Maße auf den Nägeln brannte, gelang es meist recht schnell, den Ort und verantwortlichen Betreiber der ersten Heimschule auf deutschem Boden ausfindig zu machen und sich dort Rat und Hilfe zu holen. Solche Hilfe erfolgt auf vielerlei Wegen: Telefonanrufe werden beantwortet, Materialien über Sinn und Zweck der Heimschule sowie Unterrichtshilfen versandt, gegenseitige Besuche erfolgen. Die Philadelphia-Schule entwickelt sich zu einer Fernschule, und sie ist mehr als diese, eine Schule für die Familie und ein Schulfamilenbund.

Um den vielen Interessenten an einer privaten Unterrichtung ihrer Kinder in gläubig-christlichem Umfeld ein breiteres Forum zu schaffen, findet im Juni 1985 die erste Philadelphia-Schulkonferenz statt, die in fast allen darauffolgenden Jahren erneut einberufen wird. Neue Kontakte entstehen, Anmeldungen erfolgen, eine Schulordnung wird aufgestellt. Petitionen an den Landtag und später auch an den Bundestag werden eingereicht mit der Bitte, allen betroffenen Eltern die Möglichkeit der Befreiung von der Schulpflicht einzuräumen. Die Bemühungen verlaufen alle im Sande.

Schulordnung
(Auszug)

… Aufgabe und Zweck der Philadelphia-Schule sind Bildung und Erziehung junger Menschen in den Werten des christlichen Glaubens. Diese sind Liebe zu Gott und zum Nächsten und werden offenbar in Wahrhaftigkeit, Freundlichkeit, Hilfsbereitschaft, Friedfertigkeit, Demut, Gerechtigkeit und Treue. Die PhS steht allen Kindern offen, deren Eltern eine Erziehung nach den biblischen Grundsätzen bejahen. Die PhS kann auch als „Ortsschule" von mehreren Familien oder als „Gemeindeschule" errichtet werden.

Trägerschaft und Verwaltung: Die Trägerschaft der PhS übernimmt ein Schulbund e.V., dem gewählte Elternvertreter und Lehrer angehören. Sitz der PhS sowie zentraler Schulort, Organisation und Verwaltungsführung für die Heimschulen ist Siegen in Nordrhein-Westfalen. Jede Heim-, Orts- und Gemeindeschule ist eine selbständige Zweigschule und wird als Philadelphia-Schule bezeichnet …

… Es empfiehlt sich, die Kinder so zu kleiden, als würden sie zur öffentlichen Schule gehen. Auf ein unanstößiges Äußeres (Kleidung und Haartracht) ist zu achten. Eltern sollen hierin Vorbild sein. Die Schüler der Philadelphia-Schule sollen sich durch Disziplin, Höflichkeit, Fleiß, Ordnungssinn und Pünktlichkeit auszeichnen. Für eine christliche Erziehung ist es unerlässlich, dass Fernsehen sowie schlechte Literatur und Musik gemieden werden. Der Gebrauch des Internets sowie Smartphone muss überwacht werden …

Organisation des Hausunterrichts
(Elterninfo)

Um geeignete Voraussetzungen in der Familie dafür zu schaffen, können maßgebliche Veränderungen nötig sein.

Ein Elternteil, am besten die Mutter, muss ständig zu Hause anwesend sein, um die Unterrichtsarbeit des Kindes anzuleiten und zu überwachen. Auch wenn das Kind verhältnismäßig selbständig arbeitet, braucht es doch die regelmäßige Rückmeldung und Kontrolle seiner Leistungen.

Es empfiehlt sich, von Anfang an das Kind an selbständiges Arbeiten zu gewöhnen. Ab der 3. oder 4. Klassenstufe sollte das Kind nach vorangegangener Anleitung des unterrichtenden Elternteiles eine Unterrichtsstunde ohne weitere Hilfe arbeiten können. Dies gilt insbesondere für Wiederholungs- und Übungsstunden. Ein weiterer Schritt (ab 4./5. Klasse) besteht im selbständigen Erarbeiten von neuen Themenbereichen mit Hilfe vorgegebener gezielter Leitfragen.

Der Unterricht sollte in einem besonders dafür bereitgestellten Raum oder Raumteil stattfinden, der in der Unterrichtszeit störungsfrei verwendet werden kann. In dem Schulraum sollte sich eine Stelltafel oder ein Whiteboard befinden.

Die Unterrichtung sollte zu regelmäßigen Zeiten am besten nur vormittags erfolgen. Bei der intensiven Beschulung mit nur wenigen Kindern sind Unterrichtsstunden von einer halben Stunde Dauer völlig ausreichend.

Die Kinder sollen schulmäßig gekleidet sein und sich durch Disziplin, Höflichkeit, Ordnungssinn und Pünktlichkeit auszeichnen.

Sportliche Betätigungen (Freiluftübungen, Waldlauf usw.) gehören ebenso zum Unterricht, wie z. B. möglichst lebensnaher Unterricht mit Arbeit im Garten (Biologie, Sachunterricht) und Planung des Einkaufs (Wirtschaftskunde).

Unterrichtsmittel und Lernziele

Der Unterricht in der Heimschule erfolgt in der Regel durch die Eltern. Sie erhalten von ausgebildeten Lehrern, den Betreuern der Heimschule, fortgesetzt unterrichtspraktische Anleitungen. Der Lernfortschritt wird regelmäßig überprüft und benotet. Zweimal im Jahr finden mehrtätige Eltern-/Schülerseminare statt.

Inhalte/Fächer:

Unterrichtet werden alle Fächer der allgemeinbildenden Schulen. Einen besondern Platz findet die Bibel in den Fächern Deutsch, Geschichte und in den Naturwissenschaften. Der biblische Unterricht ist das „Herz" der Schularbeit, von dem die grundlegenden Impulse und Ermunterungen für Lehrer und Schüler ausgehen. Die musischen Fächer wie Musik, Kunst und Werken gehören ebenso dazu wie der Sportunterricht.

Unterrichtsmittel:

Es werden die üblichen Schulbücher verwendet. Den darauf basierenden Lernprogrammen liegen die allgemeinen Lehrpläne zu Grunde gelegt. An der Erstellung verlagsunabhängiger Unterrichtsmaterialien wird gearbeitet.

Lernziele und Abschluss:

Statt zu hoch gesteckter Lernziele bevorzugen wir eine solide Basis an Grundwissen und Fertigkeiten. Schulabgänger, die richtig schreiben und rechnen können, sind heute gefragt. Höchstes Lernziel soll die Verherrlichung Gottes und die Erkenntnis JESU CHRISTI, unseres HERRN, sein. Dies verleiht dem Lernen und Leben Sinn und Gehalt und erhält die Kinder psychisch gesund. Das Wohl und Heil der Seele des Kindes soll über alle anderen Interessen gestellt werden.

Die erste Zweigschule entsteht

Unter den vielen Eltern, die sich hilfesuchend an die Philadelphia-Schule wenden, sind auch solche, die aus Rußland gekommen sind. Hatten sie dort, sofern sie gläubige Christen waren, unter handfester Verfolgung zu leiden gehabt, so treffen sie in Deutschland einerseits auf eine nahezu grenzenlos erscheinende Freiheit des Konsums, andererseits auf ideologische Verhältnisse, die ganz anders sind als in ihrer bisherigen Umgebung und doch zugleich erschreckend, weil sie die seelische Substanz schleichend, aber desungeachtet nachhaltig angreifen. Insbesondere die Verhältnisse in den deutschen öffentlichen Schulen machen diese rußlanddeutschen Eltern tief betroffen. In Rußland, besser gesagt: in der damaligen Sowjetunion, war es der ständige äußere Druck, der sich nur durch das Zusammenhalten einer intakten Glaubensgemeinschaft auffangen ließ; hier in Deutschland machen sich die schlimmen Einflüsse eines wohlstandsorientierten Denkens außerordentlich stark bemerkbar, die die Seele matt und kraftlos werden lassen und große Gefahr für den Glauben bedeuten.

Nicht jeder Rußlanddeutsche empfindet das so. Schließlich gibt es an diesem Ort im Westfälischen eine große christliche Versammlung, ein Bethaus, das von der Gemeinde in Eigenarbeit gebaut wurde, und die einzelnen Familien, die sich oft genug aus der früheren Heimat her kennen, wohnen recht nah beieinander. Das andere System der Beeinflussung hier, die so schleichend daherkommt, wird aber nur von einer Minderheit durchschaut. Diese recht wenigen Menschen erschrecken: Wo sind wir, wo sind unsere Kinder hingeraten? Was können wir dagegen tun? Der Staat, der uns großzügige finanzielle Hilfen gibt, kann doch nicht so negativ auf unsere Kinder wirken, wenn sie die staatlichen Schulen besuchen?!

Der Riß in der Schulfrage geht mitten durch diese rußlanddeutsche Gemeinde. Ein kinderreiches Ehepaar, das neben vielen anderen Familien hier eine neue Heimat gefunden hat, wagt den entscheidenden Schritt, um das geistliche und seelische Wohl seiner Kinder zu wahren: die Abmeldung von der Grundschule. In einem Brief an den Kultusminister des Landes von Anfang 1986 heißt es zur Begründung u.a.: „Seit unserer Heimkehr als Rußland-Deutsche beobachten wir mit wachsender Besorgnis den allgemeinen sittlichen und moralischen Zerfall in der Bundesrepublik, der auch in den Schulen seinen Niederschlag gefunden hat. Zugleich stellen wir eine Ideologisierung und Sozialisierung des Schulwesens fest, durch welche die Kinder dem Glauben entfremdet und dem elterlichen Sorgerecht entzogen werden. Diese Entwicklung wird durch die sog. emanzipatorische Pädagogik gesteuert, die zu einer neuen Moral und Denkweise geführt hat, wovon schon die Grundschüler geprägt werden." Und im weiteren Verlauf: „Wir sind um unserer Kinder willen aus der Sowjetunion heimgekehrt, weil wir glaubten, sie in einem christlichen Lande frei von atheistischer Bedrückung und Beeinflussung in Frieden erziehen zu können. Mit Erschrecken nehmen wir nun wahr, daß sie in den hiesigen Schulen größeren Gefahren für Geist und Seele ausgesetzt sind."

Das Ehepaar hatte Stücher um Mitwirkung gebeten. Der Brief wird im vollen Wortlaut auch in einer christlichen Zeitschrift veröffentlicht. Drei Grundschüler der Familie werden abgemeldet, das Schulamt wird unmittelbar mit dieser Tatsache bekanntgemacht. Dem Brief an die Schulbehörde liegt das Konzept der Philadelphia-Schule bei, in deren Rahmen die Kinder nun unterrichtet werden sollen.

Als der zuständige Schulrat auf das Schreiben reagiert, hat der Unterricht bereits begonnen: Marianne, bisher Lehrerin ihrer eigenen Geschwister und einiger anderer Kinder, ist abgeordnet worden, um eine neue Schule einzurichten, die auf den gleichen Grundlagen wie die bisherige beruht. Und wieder ist der erste behördliche Schritt die Androhung von Zwangsmaßnahmen.

Stücher wendet sich im eigenen Namen an die Schulbehörde und schreibt: „Sie mögen es versuchen, aber Sie werden bei der Familie... auf denselben Widerstand stoßen wie Schule, Schulamt und Regierung bei mir, denn die Familie ... vertraut auf denselben starken Gott, der uns aus der Hand aller Bedränger errettet hat."

Neben den Kindern dieser Familie besuchen andere aus zwei weiteren gläubigen Elternhäusern mit rußlanddeutschem Hintergrund die Philadelphia-Zweigschule. Die Gemeinde ist zwar sehr groß, aber nur diese drei Familien entschließen sich, ihre Kinder aus der staatlichen Schule herauszunehmen, nachdem sie jahrelang um eine Alternative gebetet hatten. Könnte dieser Neuanfang nicht zugleich richtungsweisend für andere Gläubige am Ort und in der Umgebung werden?! Vielen von ihnen brennt die Not ebenfalls auf dem Herzen, aber sie wagen den Schritt einfach nicht.

Stücher macht den Brüdern Mut, den eingeschlagenen Weg weiterzugehen. Er warnt sie aber auch, daß „Eltern, die andere Beweggründe und Grundsätze als wir haben, ihre Kinder in die Philadelphia-Schule schicken wollen, ohne die Bedingungen anzuerkennen. Wenn z.B. plötzlich viele dafür sind und das Ganze sich in die Gemeinde verlagert, so wird die Schule auch bald den Weg gehen wie manche Leute in der Gemeinde."

Marianne, bei den Eltern untergebracht, die ihre Kinder zuerst aus der öffentlichen Schule abgemeldet haben, bestreitet den gesamten Unterricht zunächst allein. Die Schülerzahl wächst von anfangs sieben auf zwanzig im Laufe des Jahres an. Zuerst sind es drei Jahrgangsstufen, dann insgesamt sieben einschließlich der Hauptschulkinder. Zwei Hilfskräfte stehen Marianne beim Unterrichten zur Seite, ebenfalls pädagogische Laien, die jedoch überhaupt keine Unterrichtserfahrung mitbringen. Unterrichtet wird in Räumlichkeiten, die im Gemeindezentrum der Baptistengemeinde zur Verfügung stehen. Das Schulamt ist um größtmögliche Objektivität bemüht, kann aber nicht über seinen eigenen Schatten springen. Es bemängelt wiederholt, daß Laienkräfte unterrichten und Räume und Einrichtung nicht den Erfordernissen entsprechen.

Obgleich die Schule nach den Grundsätzen arbeitet, wie sie Stücher aufgestellt und erprobt hat, läuft vieles ganz anders als in der Stammschule. Auch tauchen mancherlei Schwierigkeiten auf. Die Schule wird von Anbeginn an nur von einer kleinen Schar gläubiger Eltern getragen, die sich zur „Notgemeinschaft christlicher Eltern" zusammenschließt, um beispielsweise den Behörden gegenüber einen stärkeren Stand zu haben. Innerhalb der viele hundert Seelen umfassenden Gemeinde ist das eine verschwindend kleine Zahl. Verweltlichungserscheinungen gibt es in der Gemeinde bereits zuhauf: Das demokratische System hat seine Verlockungen so geschickt ausgebreitet, daß viele nichtsahnend zugreifen und erbarmungslos dran kleben bleiben. Entschiedenheit der inneren Haltung und Erkennen der mannigfachen Gefahren gelingen nur einem kleinen Teil. Viele stehen der neuen Schule abwartend gegenüber, und schließlich gibt es diejenigen, die grundsätzlich und von Anfang an ablehnend sind.

Die Uneinigkeit in der Gemeinde zur Schulfrage ist sicherlich der entscheidende Punkt, daß das, was hoffnungsvoll begann, nach zwei Jahren schließlich mit der Auflösung der

Schule endet. Unerfreulichkeiten gibt es auch mit einem neben Marianne Unterrichtenden. Der studierte Chemiker und Magister der Soziologie, gläubig, aber mit manchen Sonderbarkeiten, der für den Unterricht gewonnen werden konnte, erweist sich im Unterrichtsalltag als nicht so belastbar, wie es für den Umgang mit einer bunten Mischung von Grund- und Hauptschülern nötig ist, zumal gerade die von der Hauptschule gekommenen Kinder viele schlimmen Dinge von dort mitbringen. Insbesondere gibt es Disziplinschwierigkeiten. Auch Eltern machen gegen ihn Front.

Schwerer wiegt, daß die Philadelphia-Schule - und damit auch die Zweigschule - in den Augen vieler nicht lebensfähig, ja zu verachten ist, weil sie keine staatliche Anerkennung hat und mit nichtausgebildeten Lehrkräften arbeitet. Eltern und Schüler der kleinen Schule, die ums Überleben kämpft, werden belächelt und geschnitten.

Stücher hatte vor interessierten Eltern dort mehrere Vorträge über die Schulnot und mögliche Abhilfe durch die Philadelphia-Schule gehalten. Erst lange danach erfährt er, daß daraufhin eine Schul-Initiative entstand, die die Gründung einer eigenen Schule zum Ziel hatte, die mit staatlicher Anerkennung und Finanzierung arbeiten sollte. Die Schule wird auch gegründet.

Stücher bemerkt in einem Brief an die Eltern der Philadelphia-Schulkinder: „Kompromisse auf Kompromisse, weil man einen menschlichen Weg geht, statt für die Nichteinmischung des Staates im Bereich Gemeinde - Familie - Schule, wie sie früher bestand, zu kämpfen und auf Gott zu vertrauen."

Die Philadelphia-Zweigschule wird aufgelöst. Teils wechseln ihre Schüler zur neuen Schule über, teils besuchen sie erneut die staatliche Schule oder wandern mit ihren Eltern aus. Marianne geht wieder an ihre frühere Wirkungsstätte zurück.

Jahre später, 1995, entsteht in Sachsen-Anhalt eine zweite Zweigschule.

Manch einer kennt noch die Volksweisheit: Gottes Mühlen mahlen langsam, mahlen aber trefflich fein. Ende 1996 gibt es kaum noch Bußgeldverfahren für Eltern, die ihre Kinder in der eigenen Wohnung unterrichten. Und am Wohnort der Familie Stücher empfehlen Lehrer der nahegelegenen Hauptschule bei Problemschülern sogar die Philadelphia-Schule.

Schüler und Lehrer der Heim-Schule

In einer Schule, die eindeutig privaten Zuschnitt hat, ist das Schüler-Lehrer-Verhältnis ganz anders als im Raum der öffentlichen Schulen. Das nahezu ständige Miteinander, selbst in Stillarbeitsphasen, läßt das Wesen des anderen recht schnell in seiner Gesamtheit und auf Dauer deutlich werden. Dabei treten natürlich auch die einzelnen Schwächen zutage, die jedoch nicht bloßgestellt werden. Die unterschiedlichen Anlagen fordern in ganz besonderer Weise zu einem liebevollen und verständnisreichen Umgang miteinander auf. Das heißt nicht, daß störende Eigenschaften und Verhaltensweisen heruntergespielt werden, vielmehr geht es um deren Annehmen, wenn sie geboten erscheinen bzw. ihr Änderung im Blick auf das, was biblisches Gesinntsein von einem Menschen verlangt, auch wenn er ein heranwachsender ist. Beim Unterrichtenden kann eine solche Gesinnung weitestgehend vorausgesetzt werden, die Schüler müssen sie nach und nach entwickeln und ausbauen.

Die Ehrfurcht vor Gott ist zwar dem Namen nach (noch) vielerorts erstes Erziehungsziel der öffentlichen Schulen, in der Praxis aber längst ins Gegenteil verkehrt worden: Fremden Göttern wird mehr gehuldigt als dem allmächtigen, einzigen HErrn. In der Heimschule hingegen durchzieht die Furcht des HErrn den gesamten Unterricht als oberstes Prinzip.

Selbstredend gibt es auch im Rahmen einer christlichen Heimschule gelegentlich Reibereien. Man ist fast ununterbrochen miteinander beschäftigt, und jeder bringt seine Persönlichkeit ein, aber auch seine „Tagesform", die von allerlei Faktoren beeinflußt werden kann, die sich durchaus nicht immer positiv auswirken: eine sich abzeichnende Erkrankung, Folgen schlechten Nachtschlafs, Wetterwechsel u.a.m. Das ist auch innerhalb einer Familie nicht anders. Da geht man sich schon einmal auf die Nerven und ggf. aus dem Wege. Wenn allerdings Wort und Anspruch der Bibel wirklich gelebt werden und nicht bloß Lippenbekenntnis sind, ist die Grundlage des Einander-Annehmens und gütigen Verzeihens auch in schwierigen Lagen ausreichend, insbesondere dann, wenn diese Dinge schnell und offen von allen Beteiligten vor den HErrn gebracht werden. Dann staut sich nichts auf; und ebenso, wie unser HErr ehrlich eingestandene Schuld sogleich vergibt, kann man auch einander wieder annehmen.

Der Verdacht vieler Leute, die Kinder einer christlichen Haus- bzw. Heimschule würden nicht genügend auf Leben und Beruf vorbereitet, ist immer wieder geäußert worden, sowohl von Behördenseite als auch von Privatpersonen. Allein die Tatsache, daß in vorausgegangenen Generationen die Familie die Haupterzieherin der Heranwachsenden war, sollte zu denken geben. Von einer gesunden familiären Atmosphäre hatten damals auch Fremde ihren Nutzen, etwa Lehrlinge, die für längere Zeit im Hause aufgenommen wurden. Diese Erfahrungen alter Zeit, die ja noch bis in unser Jahrhundert hineinreichen, wischt man seit Jahren ebenso beiseite wie überkommene Wertvorstellungen. Die „Frankfurter Schule" läßt an allen Ecken und Kanten grüßen, und es wird mit zunehmender Begeisterung zurückgegrüßt.

Für die kleine Esther war es schon vor Beginn ihrer Schulzeit klar, daß sie beim Vater in die Schule gehen würde. Elke, die noch vier Jahre in die öffentliche Grundschule gegangen war, fiel anfangs die Umstellung auf den häuslichen Unterricht gar nicht so leicht, wie sie später einmal dem Vater gegenüber bekannte. Ungeachtet dessen war und ist sie ihm dankbar, daß er sie aus der staatlichen Schule herausgenommen und somit vor vielem Schlimmen bewahrt hat.

Die Kinder der Philadelphia-Schule - auch dieser Vorwurf wurde öfter gemacht - waren keineswegs isoliert. Als Schüler aus anderen Familien hinzukamen, entstanden Freundschaften, die nach Abschluß der gemeinsamen Schulzeit durchaus nicht endeten. An Nachmittagen war Gelegenheit, mit Kindern in der Nachbarschaft zu spielen, wobei seitens der Eltern allerdings Wert darauf gelegt wurde, daß keine Besuche in fremden Häusern erfolgten, da dort fast überall die schädigende Berührung mit dem Fernsehen erfolgt wäre. Durch die große Geschwisterzahl gab es zudem im eigenen Hause genügend Kurzweil. An Wochenenden kamen häufig Besucher. Teile der Ferien wurden außerhalb der eigenen vier Wände verbracht, wobei sich ebenfalls Kontakte zu anderen Kindern ergaben oder bereits bestehende vertieft wurden. Die Kinder aus anderen Familien, die mit unterrichtet wurden, kehrten am Nachmittag in ihren eigenen Familienkreis zurück oder blieben, wenn es sich um Schüler handelte, die zu einem mehrwöchigen Unterrichtsblock anwesend waren, im Stücherschen Hause, wo sie wie an den Vormittagen Umgang mit ihren Mitschülern hatten und in die gesamte Familie eingeschlossen waren.

Wenn Laien-Lehrer unterrichten, so stoßen sie bei vielen auf Skepsis oder gar krasses Unverständnis. Es wurde schon darauf hingewiesen, daß lange Zeiten hindurch der häusliche Unterricht Normalcharakter hatte. Dabei haben sich insbesondere die Mütter großartige Verdienste erworben. Regulären Unterricht mit ausgebildeten Kräften konnten sich oft nur Begüterte leisten, und das heißt nicht unbedingt, daß deren Kinder auch immer qualifizierte Unterweisung erhielten. Wer den Weg gewiesen bekommt, wie er zu lernen hat, kann sich später ohnehin noch das aneignen, was ihm zuvor nicht vermittelt werden konnte. Allein mit Wissen vollgestopft zu werden, ist noch keine Zubereitung für das Leben - das ist eine Binsenweisheit. Bestimmte Lehr- und Lerninhalte verstellen eher den Zugang zu einem vertieften und lebensnützlichen Wissen, als daß sie ihn fördern. In überspitzter, dennoch die Sache genau treffender Form sagte Stücher einmal gegenüber einem Pressevertreter, es reiche schon, wenn die Kinder soviel lesen können, daß sie die Bibel verstehen, und soviel rechnen lernen, daß sie später ihren Gehaltszettel überprüfen können.

Was und wie an der Philadelphia-Schule unterrichtet wurde bzw. wird, liegt weit über diesen Erfordernissen. Der weitere Lebensweg der Kinder, die diese Schule durchlaufen haben, zeigt das mit großer Deutlichkeit. Folglich müssen auch die Lehrpersonen mehr geleistet haben, als nur Basis-Kenntnisse zu vermitteln. Unabhängig davon ist vor allem ihre Liebe zu den Kindern hervorzuheben, ihre Verantwortung vor dem lebendigen Gott und ein persönliches Beteiligtsein, das man in dieser Ausprägung nur bei einem verschwindend kleinen Teil der Lehrerschaft an öffentlichen Schulen antreffen dürfte. Die nicht berufsmäßigen Lehrer müssen sich beständig fragen, ob sie einmal in der Sache, dem Unterrichtsgegenstand, ausreichend informiert sind, zum anderen, ob die Methodik stimmt, damit die Schüler auch den rechten Nutzen von der Sache haben. Vorwiegend - wenigstens in der Anfangszeit der Heimschule - unterrichteten Familienangehörige, und die mußten immer wieder in ihrem Innern überprüfen, ob sie der Sache gewachsen wären oder sich womöglich vor den Kindern Blößen geben würden. Das hieß, sich ständig mit fachlichen und pädagogischen Grundlagen auseinanderzusetzen, was sonst während eines vergleichsweise bequemen Studiums an einer Hochschule geschieht.

Als der Vater die damals noch nicht einmal volljährige Marianne als Lehrerin ihrer Geschwister berief, verstand sie eine Menge vom Haushalt, da sie dort von ihrer Mutter ausgebildet worden war. Aber zum Unterrichten von Mathematik und Englisch bedurfte es anderer Kenntnisse. Sie hatte selbst die Hauptschule besucht und war eine gute Schülerin gewesen. Das war ein Fundament, auf dem sie aufbauen konnte. Die neue, vom Vater gestellte Aufgabe begeisterte sie so nachhaltig, daß sie insgesamt vierzehn Jahre lang der Schule treu ihren Dienst leistete. Ausgehend von ihren beiden schon erwähnten Lieblingsfächern, beschäftigte sie sich mit jedem anderen Fach, das sie zu erteilen hatte, eingehend an den Nachmittagen und Abenden. Sie bekam manche Anregung von den Lehrern, die ihr Handwerk studiert hatten und der Schule mit Rat und Tat zur Seite standen bzw. selber dort unterrichteten. Die eigentliche Weiterbildung oblag ihr jedoch ganz allein. Sie kniete sich hinein, ließ nicht locker. Außerdem hatte sie eine Naturbegabung zum Unterrichten. Hinzu kommt, daß sie von den Schülern, die sie unterrichtete, nicht nur akzeptiert wurde, weil sie die Ältere war, sie hatte regelrecht deren Herz gewonnen und sich so in einer besonders schönen Weise unersetzlich gemacht. Ihre Begeisterung, wie sie sich Stoff und Vermittlungstechniken aneignete, übertrug sie auf den Unterricht. Wenn sie sich dabei in der Anfangszeit mitunter zu viel vornahm und entsprechend auch von den Schülern erwartete, ist das nur zu verständlich. Die weitere Arbeit, stets von der nötigen Selbstkritik begleitet, ließ sie den gesunden Weg gleichsam allein finden.

Auf diesen Erfahrungen konnte sie fußen, als die Philadelphia-Schule bei den Rußland-Deutschen eine Filiale errichtete. Zunächst baute Marianne die Grundschule auf und unterrichtete in fünf Fächern. Als weitere Familien ihre Kinder dort schulisch betreuen ließen, erhöhte sich die Schülerzahl erheblich, ebenso die Zahl der Klassenstufen. Trotz der beiden Helfer, die sie beim Unterrichten hatte, war ein riesiges Arbeitspensum zu bewältigen, auch in der Vor- und Nachbereitung der Unterrichtsstunden. Ungeachtet dieser Belastung sagt sie im nachhinein, diese beiden Jahren seien ihre schönste Unterrichtszeit überhaupt gewesen. Sie wußte genau, für wen sie arbeitete: für den HErrn, für die ihr anvertrauten Kinder und zu ihrer eigenen Freude. Ohne genaue Planung war ein Unterricht, wie er früher allgemein in Dorfschulen erteilt wurde, nicht möglich. Wenn sieben Jahrgänge zu unterrichten sind, so muß eine Unterrichtsstunde von 45 Minuten in sieben Teile zerlegt werden, so daß für jede Klasse gerade rund sechs Minuten zur Verfügung stehen, die übrige Zeit haben diese Kinder still zu arbeiten, damit alle anderen auch zu ihrem Recht kommen. Ein derartiger Unterricht würde heutzutage auch ausgebildeten Lehrern schwerfallen, da fast niemand mehr von ihnen Erfahrungen mit solch einklassigen Schulen hat.

Die Uneinigkeit der Gemeinde hat Marianne zunehmend belastet. Die Eltern, die ihre Kinder in jene Philadelphia-Zweigschule schickten, und die Kinder selbst hatten einen schweren Stand in ihrer Umgebung. Noch schlimmer wurde die Lage, als jene bereits erwähnte Schulinitiative für eine gemeindeeigene Schule mit staatlicher Anerkennung und ebensolcher Lehrerbesoldung aktiv wurde. Der offene Bruch zwischen den Eltern, die für die Philadelphia-Schule eintraten, und deren entschiedenen Gegnern war unvermeidbar.

Eine späte Anerkennung ihrer Tätigkeit im Brennpunkt dieser Konflikte erhielt Marianne während einer Missionskonferenz lange nach dieser Zeit. Ihre Tischnachbarin erzählt ihr, daß sie Lehrerin an dieser neu entstandenen Bekenntnisschule der Rußland-Deutschen sei und oftmals von ihr verlangt werde, mehrere Fächer zu unterrichten, auch solche, die sie gar nicht studiert habe. Beschwerte sie sich dann darüber, so würde der Schulleiter ihr vorhalten: Nehmen sie sich ein Beispiel an der Lehrerin der Philadelphia-Schule; die hat alle Fächer unterrichtet! Da konnte Marianne nicht anders, als zu sagen: „Diese Lehrerin bin ich."

Als die Hausschule nur noch zwei Schüler hatte, nämlich Mariannes jüngste Geschwister, fühlte sie sich nicht mehr ausgelastet. Sie tat desungeachtet ihren Dienst weiter, bis Esther die Schulzeit beendet hatte. Anschließend ging sie für ein Jahr im Rahmen der WEC-Mission an die Elfenbeinküste, um dort zwei deutsche Missionarskinder vollzeitig zu unterrichten. Seit Herbst 1995 besucht sie eine Bibelschule in der Schweiz, um dem HERRn auf neue Weise dienen zu können.

Ursula, Stüchers Nichte, kam 1983 als zweite Lehrkraft an die Heimschule. Während der zweieinhalb Jahre, die sie dort unterrichtete, gab sie vor allem Deutsch, ein Fach, das ihr sehr lag. Die gelernte Krankenschwester, die nach der Zeit ihres Unterrichtens wieder in den alten Beruf zurückging, konnte auch mit Gesunden bestens umgehen. Ebenso wie ihre Schwester Elisabeth, die sie beim Unterrichten ablöste, war sie - neben Marianne - ein pädagogisches Urtalent. Es ist etwas typisch Deutsches, daß man üblicherweise Zeugnisse und sonstige Qualifikationen vorlegen muß, um in einer Sache anerkannt zu werden. Das Lehrerproblem an den vielen inzwischen bestehenden Bekenntnisschulen in Deutschland - es fehlen ständig irgendwelche Lehrkräfte, die gläubig sein und eine bestimmte Fächerkombination haben müssen - ließe sich sicherlich weitestgehend lösen, wenn man Mitarbeitern die Türen öffnen könnte und wollte, die ihre gleichsam angeborenen pädagogischen Fähigkeiten in den Unterricht einbringen könnten. Elisabeth war an der Heimschule länger tätig als ihre Schwester, nämlich insgesamt vier Jahre.

Ab November 1984 hatte ein weiterer Lehrer Kontakt mit der Philadelphia-Schule, und ab Januar 1986 unterrichtete er dort vollzeitlich. Lehrer Klaus hatte Pädagogik studiert und war im ersten Ausbildungsjahr zum lebendigen Glauben an den HErrn Jesus Christus gekommen. Die Einflüsse der humanistisch geprägten Pädagogik und Psychologie ließen sich jedoch nicht von heute auf morgen beseitigen. So mußte er an der christlichen Heimschule regelrecht umlernen auf biblische Erziehungsgrundsätze. Für ihn war das eine Schule Gottes, segensreich bis heute. Er bekennt das gern und sieht seine eigene Lehrertätigkeit - er war der einzige fachgerecht ausgebildete Lehrer an der Hausschule - im Widerschein der nichtausgebildeten Kolleginnen und Kollegen. Freimütig sagte er einmal, daß die „aufgrund ihrer Begabungen oft erfolgreicher unterrichteten als ich." Für ihn ist es daher eine Selbstverständlichkeit, wenn Gläubige, die eine entsprechende Begabung vom HErrn zum Unterrichten haben, ihre Kinder zu Hause selber unterweisen. Lehrer Klaus ging seinen unterrichtlichen Aufgaben stets mit großer Freude nach: „Ich war befreit von der Gewissensnot, unbiblische Lernziele verwirklichen zu müssen und konnte in den kleinen Lerngruppen die einzelnen Kinder gezielter fördern und fordern, als dies im großen Klassenverband möglich ist." Und noch etwas ist für ihn von wesentlicher

Bedeutung: „Zu den kostbarsten Erfahrungen meines Dienstes gehört, daß Schulkinder zum Glauben fanden und mich sogleich für ihr Fehlverhalten im Unterricht im Vergebung baten. So konnten sowohl Unterrichtende wie auch Schulkinder während der gemeinsamen Hausschule die verändernde Kraft der Liebe Gottes erfahren.

Lehrer Klaus bringt bei Aufnahme seines Dienstes an der Heimschule zwar keine größeren Unterrichtserfahrungen mit, denn es ist seine erste Lehrerstelle, aber bestes Allgemeinwissen und ein ganz herausragendes Gedächtnis, insbesondere für Daten und Fakten, was oft einfach verblüffend wirkt. Er ist Fachmann für die englische Sprache, wagt sich aber auch an alle anderen Fächer, wenn Not am Mann ist. Er unterstützt die anderen Unterrichtenden beispielsweise in der Anfertigung von Unterrichts-Vorbereitungen und steht in pädagogischen Fragen immer hilfreich zur Seite. Darüberhinaus ist er bei Vorträgen, sei es auf Schulkonferenzen oder bei Veranstaltungen für interessierte Eltern, derjenige, der die schul- bzw. unterrichtspraktische Seite beleuchtet. Nicht zu vergessen sind auch seine Dolmetscherdienste vom Englischen ins Deutsche und umgekehrt, wenn bei den Schulkonferenzen englischsprechende Gäste anwesend sind. Für alle Eltern, die ihre Kinder unter dem Dach der Philadelphia-Schule im eigenen Heim unterrichten, ist Lehrer Klaus der Berater in fachlicher und erziehungstechnischer Hinsicht, der zugleich Hausbesuche quer durch Deutschland durchführt, um den Unterricht vor Ort überprüfen und ggf. beeinflussen zu können. Seine ruhige, freundliche Art, die alles Schroffe nach Möglichkeit meidet, machen den Umgang mit ihm leicht. Seit Januar 1996 unterrichtet er an einer Hausschule im süddeutschen Raum, nachdem er zehn Jahre hindurch Stücher in dessen Hausschule unterstützt hatte. Da zuletzt dort nur noch der jüngste Sohn unterrichtet wurde, konnte Lehrer Klaus sich neuen Aufgaben zuwenden. Unverändert ist jedoch seine beratende Tätigkeit für alle Heimschuleltern.

Stücher selber, der erste Unterrichtende an der eigenen Heimschule, hatte viele Aufgaben wahrzunehmen, von denen das Unterrichten nur eine ist bzw. war. Er lernte Kaufmann und arbeitete jahrelang in einem Baugeschäft, ehe er sich als kaufmännischer Berater und Buchführungshelfer selbständig machte. Im Hause hat er ein großes Büro zur Verfügung, das später zu einem der Unterrichtsräume wurde, zumindest an den Vormittagen. Nachmittags und oft bis weit in den Abend hinein mußte er seinen beruflichen Arbeiten nachgehen, für die natürlich während des Unterrichts keine Zeit war. Weil er freiberuflich arbeitet, konnte er sich die Zeit für beide Tätigkeiten nach eigenem Ermessen einteilen. Diesen Vorteil hat er stets dankbar gesehen: Nicht jeder ist dazu in der Lage, denn das Geldverdienen ist die eine Seite, das Unterrichten der Kinder die andere. Wenn ihm die Arbeit mit den Kindern im Schulbetrieb nicht so große Freude bereitet hätte, wäre ihm sicherlich die anschließende Berufsarbeit nicht mehr so gut von der Hand gegangen. Man denke in diesem Zusammenhang nur an die Lehrer an öffentlichen Schulen, die mittags ausgelaugt und entnervt nach Hause kommen und buchstäblich den Rest des Tages dazu benötigen, um wieder Tritt zu fassen und so für den kommenden Schulvormittag neue Kraft zu schöpfen.

„Ich kenne keine schönere Aufgabe, als Kinder zu unterrichten", sagt Stücher. Am liebsten gab er Erdkunde und Wirtschaftskunde. Im Sportunterricht, der meist auf dem Sportplatz durchgeführt wurde, wenn es die Witterung erlaubte, nutzte er die Gelegenheit, auch etwas für die eigene Körperertüchtigung zu tun. Eine Zeitung erwähnt in ihrem Artikel vom August 1984 noch Geschichte, vor allem Religionsgeschichte, und Kräuterkunde, die vom Vater unterrichtet werden. Grundsätzlich begann jeder Schultag mit einer biblischen Betrachtung, die von ihm gehalten wurde.

Bei aller Liebe zum Unterricht und zu den Kindern berichtet Stücher auch von einem Problemfall. Setzt man diesen einen Fall in Beziehung zu den langen Jahren des Bestehens der Philadelphia-Schule, so ist das äußerst wenig, auch unter Berücksichtigung der geringen Zahl von Schülern, die diese Schule durchlaufen haben. Es handelt sich dabei um ein Grundschulkind einer fremden Familie, einen Jungen, mit dem es vier Jahre lang tagtäglich Kämpfe gab. Der Junge war schwer verhaltensgestört und nahezu unerziehbar. Die Auseinandersetzungen begannen bereits bei der Morgenandacht, denn der Junge weigerte sich, die Hände zum Gebet zu falten. Er kam aus christlichem Hause, hatte jedoch eine Abneigung gegen alle religiösen Formen entwickelt und zugleich gegen alles Lernen. Bevor er in die Heimschule kam, hatte er sich gesträubt, in den Kindergarten zu gehen, er wollte bei der Mutter bleiben. Niemand wurde mit ihm fertig, auch zu Hause nicht. Er wollte einfach klein bleiben, möglichst seinen Zustand nicht verändern. Ihn zu etwas zwingen zu wollen, führte zu nichts, und ebensowenig half Güte. Vor jeder neuen Aufgabe hatte er Angst. Stücher versuchte es mit dem Spielen, was die Lieblingsbeschäftigung des Jungen war. Sobald jedoch wieder Arbeitsaufgaben gestellt wurden, setzte die Abwehrhaltung erneut ein. Der Junge war keineswegs dumm. Diktate schrieb er weitestgehend fehlerfrei, und das Einmaleins beherrschte er ohne zu stocken. Die Bändigungsversuche zogen sich bis in vierte Schuljahr hin, dann konnte Stücher die Verantwortung nicht länger übernehmen, und der Junge mußte in die öffentliche Schule, wo er mit dem 2. Schuljahr begann. Auch dort konnte er sich nicht in die Klassengemeinschaft einfügen und machte keine Lernfortschritte, so daß ein Wechsel zur Sonderschule anstand, wo er vollends „ausflippte". Endstation war ein

Kinderheim, glücklicherweise ein christliches mit liebevollem Personal.

Das Jugendamt wollte zunächst Stücher die Schuld für das Versagen des Kindes in die Schuhe schieben; als sich sein Verhalten in den anderen Schulen ebenfalls nicht zum Besseren veränderte, sah man ein, daß doch wohl andere Gründe für das abnorme Verhalten des Kindes maßgeblich sein mußten und nicht die Tatsache des Besuchs der Philadelphia-Schule. Mit 16 hat der Junge an Verständnis erheblich dazugewonnen und auch an Selbstvertrauen. Stücher bemerkt dazu: „Obwohl wir beide manchen Strauß ausgefochten haben und ich ihn oft strafen mußte, ist er mir zugetan geblieben. In einer Weise fühlte er sich bei mir doch geborgen und sicher geführt. Wir freuen uns, wenn wir uns sehen."

Basteln und textiles Gestalten - oder wie auch immer diese Fächer in der Schule gerade genannt werden mögen - stehen nie im Blickpunkt des Interesses, obgleich sie im Fächerkanon und für die kindliche Entwicklung durchaus ihre Bedeutung haben. Viele Kinder nehmen an diesen handwerklichen Tätigkeiten besonders regen Anteil, weil es um Schöpferisches geht, um unmittelbar Sichtbares, was unter den eigenen Händen entstanden ist. Die Freude am selber Geschaffenen, selbst wenn es nicht besonders gut gelungen ist, wiegt beispielsweise auch Mißerfolge auf, die in Fächern wie Deutsch oder Mathematik vorkommen. Tante Erika, im Hause wohnende Schwester Stüchers, nahm sich dieses Unterrichts während der 17 Jahre an, die die Philadelphia-Schule nunmehr besteht. Ihr Unterricht lag an den Nachmittagen, was rein praktische Erwägungen hatte. Die Kinder hatten Freude an diesem Unterricht, und sie erwarben eine Palette von Kenntnissen. Tante Erika hatte nur eine Schwierigkeit, wenn man davon überhaupt sprechen kann: Sie konnte nicht anders, als allen Kindern im Zeugnis die Note

„gut" zu geben. Aber auch an den öffentlichen Schulen bewegen sich die Noten in diesen Fächern eng um diese Note herum. Mit der Hand zu arbeiten, ist etwas anderes, als sprachliche oder mathematische Vorgänge zu erfassen und umzusetzen.

In einer Schule üblichen Zuschnitts spielt der Hausmeister eine wesentliche Rolle, die meist erst dann bemerkt wird, wenn er einmal nicht anwesend ist. In der Philadelphia-Schule gab es auch jemanden, der mehr oder weniger unauffällig hinter dem Betrieb stand und dafür sorgte, daß alles möglichst reibungslos und ungestört ablaufen konnte: die Schulmutter, zugleich Mutter der eigenen Kinder, die dort unterrichtet wurden, und Pflegemutter für alle anderen, die regelmäßig oder auf Zeit die Heimschule besuchten. Obgleich Schule und Familie von Stücher streng getrennt gehalten wurden, ließen sich Überschneidungen nicht immer vermeiden, da die Räumlichkeiten benachbart lagen. In den Pausen war es für die Kinder nahezu eine Selbstverständlichkeit, sich bei der Mutter in der Küche einzufinden, etwas zu essen oder auch zu trinken und ein Schwätzchen zu halten. Waren zusätzlich noch Blockschüler im Hause, vermehrte sich ihre Arbeit, denn auch die Zimmer mußten hergerichtet werden. Häufiger waren auch Eltern dieser Schüler für kürzere oder längere Zeit anwesend und mußten versorgt werden. Die Hausaufgaben der Kinder wurden grundsätzlich von Mutter Elisabeth überwacht, und sie hatte dadurch ständig einen guten Überblick, ob das einzelne Kind Lernfortschritte machte oder auf der Stelle trat. Kritisches und Korrekturen fanden daher bei ihrem Mann immer ein offenes Ohr. Auch für sie galt, daß neben der Arbeit im weitläufigen Haushalt eine zweite Tätigkeit ihren Alltag ausfüllte. Ohne ihre Mithilfe wären manche Belastungen sicherlich ganz entschieden schwerer zu ertragen gewesen: für ihren Mann, die eigenen und fremden Kinder und letztlich alle, die in irgendeiner Weise mit der Schule verbunden waren.

Was ist aus den Heim-Schülern geworden?

Wie sehr hatten sich die staatlichen Schulen, in die die Kinder hätten gehen müssen, das Schulamt, das Jugendamt und nicht zuletzt die mit der Schulpflichtverweigerung befaßten Gerichte darum bemüht, den Eltern klarzumachen, daß durch privaten Unterricht mit größtenteils pädagogischen Laien das Wohl der Kinder gefährdet sei! Das Kultusministerium hieb in die gleiche Kerbe und bemerkte noch fünf Jahre nach Errichtung der christlichen Hausschule in einem Schreiben an den Pfleger der Kinder: „Die seelischen Belastungen bei zwangsweise durchgesetztem Schulbesuch sind möglicherweise im Verhältnis zu einer nicht auszuschließenden psychischen Fehlentwicklung unter dem Einfluß der Eltern vergleichsweise gering." Das Jugendamt hatte in seinem Antrag auf Entziehung des Sorgerechtes argumentiert, das geistige Wohl der Kinder sei gefährdet, ihnen sei die Möglichkleit eines Schulabschlusses und damit die Grundlage zur beruflichen Selbständigkeit und jeglicher Zukunftsperspektive genommen, sie könnten keine Konfliktmöglichkeiten erlernen, die Konfrontation mit der Umwelt fehle und das Erlernen von Kritikfähigkeit sei nicht gewährleistet, kurzum: Das alles „läßt die Kinder zu Außenseitern unserer Gesellschaft werden."

Als seinerzeit das Schulamt den Unterrichtsbetrieb eine Woche lang überprüft hatte, mußte es bereits feststellen, daß „die Kinder gut gefördert worden" sind. Gerichtlicherseits wurde bei der Rückgabe des vollen Sorgerechtes, Jahre nach dem Entzug, als Begründung dafür angegeben, daß „eine Gefahr für das Wohl der Kinder nicht mehr besteht." Diese vermutete und jahrelang argumentativ aufrechterhaltene Gefahr für die Kinder hatte einzig und allein in der Sicht der

Behörden bestanden, die daraufhin einen gewaltigen Apparat in Gang setzten, um den Abweichler Mores zu lehren. Der Berg hatte gekreißt und ein Mäuslein geboren.

Die Wege der Kinder, die über Jahre oder auch nur kürzere Zeit die Philadelphia-Schule besucht hatten, lassen sich ohne Schwierigkeiten weiterverfolgen, so daß deutlich werden muß, ob sich die behördlichen Mutmaßungen wenigstens mit Beweisen aus dem beruflichen Werdegang belegen lassen. Davon soll jetzt die Rede sein.

Für Stücher und seine Frau galt eine Grundrichtung, was die Ausbildung ihrer Kinder betraf bzw. noch betrifft: für die Mädchen zuerst Hauswirtschaftslehre bei der Mutter, für die Jungen praktische Berufe. Biblisch gesagt: „Richtet eure Gedanken nicht auf hohe Dinge, sondern laßt euch zu den niedrigen herab." (Röm. 12,16) Bei entsprechender Begabung ist es dann ggf. nicht schwierig, daß die jungen Leute weiterlernen können, wenn sie diesen Wunsch haben.

Bei den vier ältesten Kindern der Familie, die regulär die staatliche Schule besucht hatten, waren die Eltern schon so verfahren. Sabine und Marianne wurden zu Hauswirtschafterinnen ausgebildet. Sabine lernte später noch den Beruf der (Kinder-)Krankenschwester hinzu. Über Mariannes weiteren Werdegang ist bereits gesprochen worden. Wolfgang, der älteste Sohn, erlernte einen Metallberuf in einer Fabrik, besuchte danach eine Fachschule und wurde Versorgungstechniker in einem Konstruktionsbüro. Seit Herbst 1995 besucht er eine Bibelschule in den Niederlanden, um zusammen mit seiner Frau in die Mission gehen zu können. Ralf, der altersmäßig bei den Jungen nachfolgt, wurde Schreiner und hat inzwischen seinen Meister-Brief in der Tasche. Alle vier hatten einen staatlichen Schulabschluß.

1980, als Elke und Hartwig das fünfte Schuljahr der privaten Heimschule zu besuchen begannen, war es schwierig, eine Lehrstelle zu finden, auch mit einem Abschlußzeugnis einer öffentlichen Schule. Wie in der Schulsache selbst, so vertrauten die Eltern auf den HErrn, daß Er in fünf Jahren das tun würde, was für die Kinder nötig und richtig sei. Ganz konkret wurde es als Gebetsanliegen vor Ihn gebracht: Er solle für eine entsprechende Lehrstelle sorgen. Würde diese Zuversicht tragen?

Hartwig, wie seine Schwester stets eifrig in der schulischen Arbeit, hatte sich im letzten Schuljahr erstmalig bei einer Firma beworben, wurde zu einem Eignungstest eingeladen, aber nicht als Lehrling angenommen. Der Vater forschte nach: Von insgesamt 30 Bewerbern war Hartwig beim besten Drittel gewesen, hatte jedoch, da nur zwei Jungen genommen wurden, keinen Ausbildungsplatz erhalten. Sechs Wochen vor Schulschluß wurde die Sache brennend. Stücher sprach selbst bei verschiedenen Firmen vor: Ein Architektenbüro wollte den Jungen zunächst nehmen, dann fühlte der Chef sich doch mit der Betreuung eines Lehrlings überfordert; ein anderer Betrieb gab eine Zusage, aber erst für das darauffolgende Jahr, weil zunächst ein Körperbehinderter eingestellt werden sollte.

Bei diesen Vorsprachen lernte Stücher die Einstellung der Lehrherren zu den staatlichen Abschlüssen ein wenig kennen: Das Vertrauen darein war minimal! Das deckte sich mit einer Information, die er einige Zeit zuvor einer Handwerkerzeitung entnommen hatte: Von 150 Prüflingen hatten zwei Drittel „mangelhaft" oder „ungenügend" in Deutsch und Mathematik, darunter 60% Abgänger des 10. Schuljahres. Der Vater legte die in der Zeitung abgedruckten Prüfungsaufgaben damals Elke und Hartwig vor, die diese ohne Schwierigkeiten lösten, obwohl sie erst im 8. Schuljahr waren.

Daß Hartwig gar keinen staatlichen Schulabschluß hatte, fiel bei dessen ersten Bewerbungen überhaupt nicht auf. Viele Firmen verlassen sich lieber auf ihre eigenen Tests. Als die Familie im Juli 1985 in Urlaub fahren wollte, lag auf Hartwigs Bewerbungen noch keine Zusage vor. Der Vater betete und fragte den HErrn, ob Er ihn trotz bisheriger Hilfe nun im Stich lassen wollte. Am nächsten Tag, schon am Urlaubsort in der Schweiz, ein Anruf aus Deutschland: Hartwig soll sich am 30. Juli vorstellen! So früh konnte die Familie aber nicht zurück sein. Eine Rückfrage bei der Firma ergab, daß Hartwig sich auch noch am 1. August vorstellen könne. Trotz dieser Verspätung bekam er die Ausbildungsstelle: Nicht der HErr hatte sich verspätet, sondern der Mensch!

Nach einiger Zeit in der Lehrfirma erfuhr Hartwig die Zusammenhänge, wieso er den Ausbildungsplatz erhalten hatte. Sein Chef erzählte ihm, der Schulrat, der mit der Philadelphia-Schule so befaßt gewesen war, sei ein Jugendfreund von ihm. Diesen habe er gefragt, was er dazu meine, daß ein Schüler dieser christlichen Heimschule sich bei ihm beworben habe. Dessen Antwort: „Nimm ihn, da bekommst du einen guten Jungen!" Und der Firmenchef wurde nicht enttäuscht. Einmal äußerte er jemandem gegenüber: „Einen solchen Lehrling habe ich noch nicht gehabt: immer freundlich, geschickt, zuverlässig." Als Hartwig eines Tages auf einer Baustelle von einer Zeitungsreporterin befragt wurde in Sachen Ausbildung, Stellung der Lehrlinge zum Beruf usw., fand sich seine Äußerung folgendermaßen in der örtlichen Zeitung: „Hartwig raucht nicht, trinkt nicht; wenn ihn Gesellen oder der Meister schicken wollen, um Bier oder Zigaretten zu holen, sagt er kurz und bündig: ‚Holt euch das selbst!'" In seiner Berufschulklasse gehörte er zu den besten Schülern.

War das also ein Mensch mit psychischer Fehlentwicklung, ohne Kritikfähigkeit und weltfremd? Die Ehre gebührt demjenigen, der das geschenkt hat: Gott selber!

Für Elke war klar, daß sie zunächst die Lehre bei der Mutter in Hauswirtschaft machen würde. Nebenher mußte sie in die Berufsschule. In diesem Sumpf von rüden Umgangsformen, schmierigen Gedanken und Äußerungen und all dem, was sonst noch an Häßlichem dort zu finden ist, geht sie ihren Weg ohne Befleckung weiter. Sie darf anderen sogar Wegweisung geben. Sie wird keineswegs, wie andere vorausgesagt haben, von dem Sumpf verschlungen, sondern geht aus dieser Umgebung gestärkt hervor. Ihr Vater bemerkt dazu einmal: „Wir sahen, wie Kinder von Gläubigen, denen in der öffentlichen Schule das Rückgrat gebrochen wurde, den Weg der Welt gingen. Unsere Schule ist auch keine Garantie, daß alle Kinder den Weg des Lebens finden. Aber welche Verheißung sollte ich für sie haben, wenn ich sie die Gebote Gottes lehre und dann gottlosen Erziehern überlasse?"

Kinder wie Pflanzen brauchen zum Wachsen eine gesunde, reine Atmosphäre, brauchen festen Halt in der Familie, in der Schule. Viele gottesfürchtige Eltern haben diese Erfahrungen mit ihren Kindern inzwischen machen dürfen: Festigung und Stärkung des Charakters in einer bibeltreuen christlichen Schule, dann können die Stürme des Lebens eher blasen.

Wie stand es nun mit dem Hauptschulabschluß, den das Landgericht als sog. Fremdenprüfung angeordnet hatte? Der Regierungspräsident tat sich schwer, diese Prüfung zu genehmigen - verständlich, denn ggf. würde sich herausstellen, daß die vielgescholtene Heimschule doch Kenntnisse und Fertigkeiten vermittelt hätte, die zumindest der Norm entsprachen.

Ein ganzes Jahr schon hatte Stücher auf die Vorlage des Materials gewartet, damit die Kinder sich auf die Externen-Prüfung vorbereiten könnten. Der Vater sah eine solche Vorbereitung als unerläßlich an, besonders im Fach Deutsch.

Eines Tages kommt der Pfleger und legt Materialien des Schulamtes aus früheren Prüfungen vor, nachdem auch der Kultusminister dieser Prüfung zugestimmt hatte. Bei der Durchsicht der Themen wird klar, daß die Erörterungen und Interpretationen völlig außerhalb des Lebens- und Interessenkreises der Stücherschen Kinder liegen. Ein christliches oder wenigstens religiöses Thema ist nie gestellt worden. Aufgrund dieses Eindruckes entscheidet der Vater, daß die Prüfung erst nach Abschluß der Lehre gemacht werden soll. Der Pfleger ist erbost über diesen Bescheid, und das Kultusministerium vermutet, Stücher habe - entgegen seinen früheren Behauptungen - jetzt wohl Angst, seine Kinder würden die Prüfung nun doch nicht bewältigen.

Nachdem Elke und Hartwig ihre Ausbildungszeit beendet hatten, stellten sie sich der Fremdenprüfung: beide mit Erfolg. Beim Schulamt war man darüber recht erstaunt. Hartwig besuchte nach seiner Lehre die Technikerschule und befand sich nach deren Beendigung unter den drei Besten. Bei der Stellensuche kam ihm seine praktische Ader zugute, und er konnte gleich unter drei Angeboten auswählen, was ihm am passendsten erschien. Elke war einige Jahre als Erzieherin in einem Kinderheim tätig und besuchte anschließend eine Bibelschule, da sie ebenfalls gern in die Mission gehen möchte. Gegenwärtig bereitet sie sich auf die Kinderarbeit vor.

Ruth liegt altersmäßig zwischen Elke und Wilhelm. Bis ihre Fähigkeiten und besonderen Begabungen sich zeigten, dauerte es seine Zeit. Während der Schulzeit waren ihre Leistungen durchschnittlich, dagegen machte sie durch Musikalität und Kreativität auf sich aufmerksam. Wie ihre beiden älteren Geschwister legte sie die Schulfremdenprüfung ab, ebenfalls mit Erfolg. Mit dem Berufsschulabschluß hätte sie die Möglichkeit gehabt, bei Belegung des Zusatzfaches Englisch die Mittlere Reife zu machen. Dazu hatte sie wenig Neigung. Von allen Mädchen blieb sie am längsten zu Hause und übernahm dabei den Kunstunterricht an der Hausschule. Viele Berufe wurden ihr vorgestellt, aber sie konnte sich für keinen entscheiden. Ein halbes Jahr arbeitete sie in einer Küche eines Freizeitheimes, danach in einer Fabrik, um etwas zu verdienen. Diese eintönige, geisttötende Fabrikarbeit muß der Auslöser gewesen sein, daß urplötzlich der Wunsch bei ihr auftauchte, Ergo-Therapeutin zu werden. Dazu war ein Studium von drei Jahren nötig. Sie bewarb sich und bestand die Aufnahmeprüfung an zwei einschlägigen Einrichtungen, wobei sie an der einen Schule von insgesamt 400 Bewerberinnen und 24 bei der Prüfung erfolgreichen diejenige war, die angenommen wurde. Sie hatte die Prüfer durch eine modellierte Landschaft und deren sinnreiche Ausdeutung für sich eingenommen.

An der einen Schule muß sowieso abgesagt werden. Bei der anderen sieht es jedoch aus einem ganz anderen Grunde so aus, als könne sie die Ausbildung trotz Zusage nicht beginnen: 1.000 Mark Schulgeld sind aufzubringen, dazu kommen Kost und Logis. Das BAföG ist gering. Als Ruth in Absprache mit den Eltern in Saarbrücken anruft, um abzusagen, meldet sich der Schulleiter. Kein Geld sei kein Grund, nicht anzufangen, meint er und bemüht sich intensiv, daß sie dennoch kommen kann. Und tatsächlich: Am 2. Januar 1996 beginnt sie die Ausbildung, nachdem sie bereits davor in einer dortigen Klinik vorbereitend arbeitete. Sie ist fröhlich und dankbar in ihrer Ausbildung. Nach drei Jahren Schul- und Praktikumszeit legt sie die Prüfung als Ergo-Therapeutin mit der Note „gut" ab und bekommt auch sofort eine Arbeitsstelle in einer Klinik. Sich von Ihm führen lassen, das ist entscheidend in einem Menschenleben.

Wilhelm, der nächste Abgänger der Philadelphia-Schule, wurde von seinen Mitschülern als Streber bezeichnet - übrigens ein Ausdruck, der im Wortschatz von Schülern öffentlicher Hauptschulen nicht mehr enthalten ist. Sein Vater, der zugleich sein Lehrer ist, charakterisiert den Jungen als fleißig und gewissenhaft, aber auch als gerade heraus und ein wenig grob in seiner Art. Da die Hausschule teilweise Realschulbücher im Unterricht benutzte, schaffte er sogar den Realschulabschluß. Zu seinen Lieblingsbeschäftigungen gehörte das Zeichnen, und so bewarb er sich als Technischer Zeichner. Von acht Bewerbern des Eignungstests gehörte er zu den zweien, die angenommen wurden. Da er bei Kollegen und Vorgesetzten sehr beliebt war, übernahm die Firma ihn nach bestandener Prüfung in Festanstellung. Auch er widmet sich, nach seiner Bekehrung, eifrig dem Bibelstudium und leitet eine Kinderstunde am Ort, zu der vorwiegend rußlanddeutsche Kinder kommen.

In der 10. Klasse hatte Wilhelm ein Lebensrezept für den Alttag verfasst:

MAN NEHME
zwölf Monate,
putze sie ganz sauber von Bitterkeit, Geiz, Pedanterie und
Angst
und zerlege jeden Monat in 30 oder 31 Teile,
so daß der Vorrat genau für ein Jahr reicht.
Es wird jeder Tag einzeln angerichtet
aus einem Teil Arbeit
und zwei Teilen Frohsinn und Humor.
Man füge drei gehäufte Esslöffel Optimismus hinzu,
einen Teelöffel Toleranz,
ein Körnchen Ironie
und eine Prise Takt.
Dann wird die Masse
sehr reichlich
mit Liebe übergossen.
Das fertige Gericht schmücke man mit Sträußchen
kleiner Aufmerksamkeiten
und serviere es täglich mit Heiterkeit –
und mit einer guten, erquickenden Tasse Tee …

Norbert besuchte volle zehn Jahre die Philadelphia-Schule. Der Vater berichtet, daß er in den letzten Schuljahren nicht gut im Unterricht mitarbeitete. Das lag daran, daß er sich an den Nachmittagen und wann immer er nur konnte, mit der Feuerwehr beschäftigte. Suchte man ihn, konnte man ihn dort mit hoher Wahrscheinlichkeit finden. Die Feuerwehr ist seit eh und je eine löbliche Einrichtung, deren Notwendigkeit und Wirksamkeit niemand bezweifeln wird. Sie wird jedoch von Menschen getragen, die durchaus nicht immer so vorbildlich sind wie die Einrichtung als solche, der sie sich verpflichtet haben. So wird denn bei Norbert ein unguter Einfluß spürbar, den man zu Hause bald feststellt. Auch der Umgang mit einem Freund wirkt sich negativ aus, obgleich jener Junge aus einem gläubigen Elternhaus stammt, das aber in Sachen Schule den üblichen Weg beschreitet und bestimmten anderen Erscheinungsformen unserer Umwelt gegenüber liberal eingestellt ist. Stücher und seine Frau machen sich Sorgen um den Jungen, fragen sich auch, ob er wohl die Abschlußprüfung nach Klasse 10 schaffen wird. Zu dieser Prüfung muß Norbert drei Tage lang in eine Schule im Ruhrgebiet. Jeden Abend berichtet er am Telefon den Eltern über den Verlauf, und stets heißt es: „Furchtbar leicht!" und wirklich: Er erhält im Zeugnis zwei Einsen, sonst „gut". Er hat also die Prüfung mit bestem Erfolg bestanden.

Seine Bewerbung um eine Lehrstelle als Elektriker ist erfolgreich, und er fängt in einem großen Betrieb für Industrieanlagen mit der Ausbildung an. Erneut sorgen sich die Eltern, ob es nun mit der Berufsschule klappen wird, denn sie sehen ihn kaum bei den Hausaufgaben. Als ein Elternsprechtag angesetzt ist, fordert Norbert den Vater auf, doch einmal in die Schule zu gehen. Der Lehrer erklärt: „Norbert ist unser Primus; was man ihn fragt, weiß er." Seine Ausbildung schloß er als Innungsbester ab. Als er sich eines Tages auch zum HErrn Jesus Christus bekehrt, ist die Freude noch größer. Er widmet sich jetzt in seiner Freizeit der Jungschararbeit. Was er dort von den Kindern hört, die die öffentliche Schule besuchen, ist erschütternd. Einmal sagte er zu seiner Mutter: „Jetzt verstehe ich, warum Vater uns nicht in die öffentliche Schule geschickt hat."

Der Jüngste der Familie, Gerhard, ist von guter Auffassungsgabe, erkennt schnell Zusammenhänge und hat die praktische Veranlagung seiner Brüder. Während seiner letzten beiden Schuljahre ist er der einzige Schüler dort, wo sich früher viele tummelten. Das macht ihm nicht allzuviel aus: An Unterrichtsmaterial mangelt es in keiner Weise, und er arbeitet am liebsten ganz allein im Schulraum damit. Mitunter blitzt der Schalk bei ihm durch. Als er nach dem Besuch einer Berufsmesse den aktuellen Berufekatalog durchsieht, sagt er unvermittelt: „Jetzt weiß ich, was ich lerne: Krawattenzuschneider!" Alle lachen, und er fügt hinzu: „Da brauche ich nur anderthalb Jahre zu lernen."

Inzwischen (1997) hat er seine Realschulprüfung (FOS) mit Erfolg abgelegt. Einen Beruf, der mit dem Buchstaben „K" beginnt, möchte er schon ausüben: den des Krankenpflegers. Da er dazu 18 Jahre alt sein muß, bereitet er sich zunächst auf das Fachabitur vor und macht im Wechsel mit dieser Fachschulausbildung ein einjähriges Praktikum in einem Krankenhaus. Die Freude, die ihm diese Tätigkeit bereitet, läßt den Schluß zu, daß er wohl den richtigen Beruf erwählt hat. In der Fachoberschule ist er beliebt und wird bald zum Klassensprecher gewählt, danach auch zum Sprecher der ganzen Schule von 8 Klassen. Mit Stolz zeigt er dem Vater sein Zeugnis: 5 mal sehr gut, 7 mal gut. Er ist Klassenbester.

Mit ihm hat sein gleichaltriger Freund Markus von einer Heimschule im Schwabenland ebenfalls die Fachoberschulreife erworben und besucht anschließend das Gymnasium, um sein angestrebtes Berufsziel zu erreichen: Er möchte Pilot werden. Nach seinem letzten Zeugnis mit einem Notendurchschnitt von 1,4 könnte er das durchaus schaffen.

1984 war die jüngste Tochter, Esther, eingeschult worden, ein wenig vorzeitig, weil sie so gern schon in die Schule wollte. Vom ersten Unterrichtstag an ist sie äußerst emsig, und Gewissenhaftigkeit gehört zu ihren Grundzügen. Ihr Fleiß hilft ihr in Situationen, wo es andere durch schnellere Auffassungsgabe und logische Schlußfolgerungen einfacher haben. Als die

Abschlußprüfung ansteht, traut sie sich nicht so recht, zumal sie die an einem anderen Ort ablegen muß. Der Vater fährt sie hin, und bald stellt sich heraus, daß das Bangen überflüssig war: Ihr Prüfungsergebnis ist überdurchschnittlich gut. Zu gern wäre sie in eine Bürolehre gegangen, aber die Mutter kann auf ihre Hilfe im Haushalt nicht verzichten, auch wenn der inzwischen sehr viel kleiner geworden ist, da viele der Kinder auswärts leben und arbeiten. So macht sie denn - wie alle ihre Schwestern - die Hauswirtschaftslehre. In der Berufsschule unterscheidet sie sich, zusammen mit einer ebenfalls gläubigen Mitschülerin, ganz wesentlich von den anderen, wie es seinerzeit bei Elke auch der Fall war. Das erste Berufsschulzeugnis ist ausgezeichnet; sogar in „Politik", einem Fach, das in der Hausschule unter „Staatsbürgerkunde" lief und ihr keine große Begeisterung abgenötigt hatte, erhält sie ein „Gut". Ihre Ausbildung ist inzwischen erfolgreich abgeschlossen. Eine zweite Ausbildung als „Kauffrau" ist ihr nächstes Ziel.

Keine der Voraussagen seitens der Behörden und mißgünstiger Mitmenschen bezüglich Schulabschluß, Lehrstellenerwerb und allgemeiner Lebenstüchtigkeit hat sich erfüllt. Gilt das nun auch für die anderen Kinder, die zur Philadelphia-Schule gegangen sind? Lassen sich die positiven Ergebnisse der zur Familie gehörenden Kinder auf die übrigen übertragen?

Frieder, ein Junge aus der Verwandtschaft, der im 5. Schuljahr in die Philadelphia-Schule kam, hat keinen Hauptschulabschluß gemacht. Er bekam bei einem gläubigen Schreinermeister einen Ausbildungsplatz, ohne daß ein staatlich anerkannter Schulabschluß überhaupt zur Debatte stand. Er hat die Lehre erfolgreich beendet und beschäftigt sich gern mit der Bibel und deren Weisheit.

Seine Schwester Klaudia war ab dem 4. Schuljahr in der christlichen Hausschule. Später legte sie den Realschulabschluß ab und befindet sich nun in einer Ausbildung als Erzieherin.

Friederike begann ebenfalls als Viertkläßlerin die Heimschule, ihre zwei Jahre jüngere Schwester Georgine wurde ihrem Alter entsprechend eingewiesen. Die größere Schwester hatte mit dem Wechsel von der staatlichen auf die Hausschule einige Schwierigkeiten und empfand ihn als „etwas komisch", wie sie gegenüber einem Zeitungsreporter angab. Sie war gehemmt, mochte nicht mitsingen und widersetzte sich auch sonst den Anordnungen des Heimschulleiters. Das änderte sich. Sie arbeitete nun während des Unterrichts fleißig mit, und selbstverständlich wurden die Hausaufgaben in der elterlichen Wohnung ordnungsgemäß angefertigt. Ihre sprachliche Begabung stach besonders hervor. Als im November 1986 ein Vertreter einer überregionalen Tageszeitung erschien, der auch die Kinder befragte, ließ Stücher diese ganz unabhängig antworten, ohne daß er zugegen war. Friederike berichtete ihm nachher ganz aufgeregt: „Er hat uns gefragt, wie wir die Schule fänden. Wir haben gesagt: prima!" Da in der Schule keine Fotos angefertigt werden durften, machte sich der Zeitungsmann auf zum Wohnort der beiden Schwestern und fotografierte sie dort beim Anfertigen der Hausaufgaben. Der Zeitungsartikel berichtete ausführlich und sehr sachlich über die Schule und deren besondere Umstände.

Um die Realschulprüfung auch im mündlichen Teil zu bestehen, war Friederike zu aufgeregt. Ungeachtet dieser Tatsache bekam sie eine Lehrstelle als Bürokauffrau, wobei sie unter 30 Bewerbern eine der beiden ausgewählten Kandidatinnen war. Der Grund für diesen Erfolg lag einmal in dem gut bestandenen Eignungstest der Firma, hatte aber noch einen anderen Hintergrund: Der Ausbilder hatte sehen wollen, was es denn mit dieser Philadelphia-Schule auf sich habe, von der er schon so viel gehört hatte. Er erzählte das Friederike selber einmal, als er festgestellt hatte, daß sie gut eingeschlagen hatte. Sie bestand ihre Kauffrau-Prüfung und wurde sogleich von dem Ausbildungsbetrieb fest angestellt.

Ihre jüngere Schwester, Georgine, verließ die Philadelphia-Schule im 9. Schuljahr. Die Mutter wollte einfach sichergehen, daß die Tochter die Mittlere Reife schaffte, um anschließend ins Büro zu gehen. Die Realschule am Wohnort der Familie nahm Georgine ohne Bedenken ins 9. Schuljahr auf, und sie hatte keinerlei Schwierigkeiten, im Stoff mitzukommen. Die Lehrerin staunte sogar, daß sie der Klasse in Mathematik voraus war.

Auch ein Sonderschulkind wurde in der christlichen Hausschule aufgenommen und über Jahre dort gefördert. Steffi, auch aus einer christlichen Familie, war aus der Grundschule zur Sonderschule überwiesen worden. Sie kam vom Regen in die Traufe. Die Zustände waren schlichtweg chaotisch, und gelernt wurde so gut wie nichts. Entsprechend war das sittliche Niveau. Als Steffi zur Philadelphia-Schule kam, wiederholte sie dort das 4. Schuljahr. Mehr und mehr kam sie zur Ruhe und fühlte sich sichtlich wohl und angenommen von Mitschülern und Unterrichtenden. Stücher bemerkt dazu: „Die Schulbehörde reagierte scharf auf ihr Fernbleiben von der Sonderschule, als verlöre Deutschland mit Steffi seine Intelligenz. Sie versuchten es mit Androhung von Bußgeld und zwangsweiser Zuführung, bis ich mich einschaltete und ihnen vorstellte, wie gut Steffi bei uns aufgehoben ist. Da hielten sie Ruhe."

Steffi erregte oft ein Schmunzeln oder Lachen in ihrer Umgebung. Grundsätzlich kam sie in Hosen und mit dem Fahrrad zur Schule. Die Schulordnung verbot aber das Tragen von

Hosen für Mädchen; also mußte sie wohl oder übel einen Rock anziehen, was ihr äußerst widerstrebte. Sie rettete sich dadurch, daß sie einfach einen Rock über die Hose zog, den sie nach Schulschluß an der nächsten Straßenecke schleunigst abstreifte und ohne ihn dann nach Hause fuhr. Kritik an ihrer etwas wohlbeleibten Erscheinung, ihrer unvorteilhaften Kleidung und gewaltigen Eßlust - Schüler haben solche Schwächen sehr schnell erkannt - nahm sie mit größter Gelassenheit hin und war nie deswegen beleidigt. Da sie durch Umschulung und Klassenwiederholung etwas zurücklag, konnte sie nur das 8. Schuljahr beenden. Danach blieb sie zu Hause, um ihrer kranken Mutter beizustehen.

Im Laufe der Zeit wurde auch eine Reihe von Heimschülern aus entfernt liegenden Orten an der Philadelphia-Schule angemeldet und von dort aus betreut. Das ist bis heute so, ja, inzwischen ist diese Betreuung zur Hauptaufgabe der Schule geworden.

Der erste nichtstationäre Heimschüler war Günther aus Stuttgart. Er hatte auf der Hauptschule größte Schwierigkeiten, weil er nicht alles mitmachte und auch Lernprobleme auftraten. Die Mutter hatte ihn schon einmal drei Jahre zuvor aus der Schule genommen, um ihn vor der Sexualaufklärung zu schützen. Das Jugendamt setzte ihr damals so gewaltig zu, daß sie nachgab und den Jungen wieder in die staatliche Schule schickte. Als sie 1984 endlich nach sechsmonatiger Suche die Anschrift der Philadelphia-Schule ausfindig machen konnte - sie hatte in ihrer Zeitung einen Artikel darüber gelesen -, faßte sie neuen Mut und meldete ihren Sohn erneut von der Hauptschule ab.

Mit Hilfe der Philadelphia-Schule unterrichtete sie ihn selber zu Hause. Jede Woche erhielt sie entsprechende Unterrichtsvorbereitungen, und Günther fühlte sich bei diesem Unterricht ständig freier und wohler. Zu bestimmten Zeiten kam er für zwei oder drei Wochen zum Blockunterricht und wohnte dann im Stücherschen Hause, wobei er manchmal von seiner Mutter begleitet wurde. Die neuen Schwierigkeiten mit der Hauptschule und dem Schulamt - es regnete förmlich Bußgeldbescheide für die von der Schule genau festgehaltenen Fehltage - hörten für diese Familie auf, als das Gericht aufgrund von Stüchers Einsprüchen und denen der Familie selbst das ganze Verfahren einstellte. Nach Ende seiner Schulzeit absolvierte Günther eine Lehre als Elektriker, schloß sie erfolgreich ab, und seine Ausbildungsfirma beauftragte ihn alsbald mit der Wahrnehmung des Kundendienstes.

Alle ehemaligen Schüler der Philadelphia-Schule haben sowohl untereinander noch Kontakt als auch zu denjenigen, von denen sie unterrichtet wurden. In einigen Fällen, so etwa zwischen Esther und Georgine, entwickelten sich Freundschaften, die unverändert fortbestehen.

Wo werden in Deutschland Heimschüler unterrichtet?

Die Anzahl der christlichen Heimschulen in Deutschland hat zugenommen, seit vielerorts bekannt wurde, daß diese Schulform sich als Alternative einerseits zu den staatlichen Schulen, andererseits auch zu den christlichen Bekenntnisschulen anbietet. Durch die Geschehnisse, die in diesem Buch ausführlich dargestellt worden sind, bekamen manche Eltern Mut zum eigenen Unterrichten ihrer Kinder, denn vielen brennt die Sorge um eine biblisch ausgerichtete Ausbildung und Erziehung der Heranwachsenden auf dem Herzen.

Die Erfahrungen mit den Behörden waren bzw. sind durchaus unterschiedlich. Verallgemeinern läßt sich inzwischen die Tatsache, daß Bußgeldverfahren selten geworden, wenn auch noch nicht aus der Welt sind.

Am Dreiländereck in Nordrhein-Westfalen stimmte die Schulbehörde der Einschulung eines Grundschulkindes in die Philadelphia-Schule formell zu. In einer anderen Stadt dieses Bundeslandes hat man einem Elternpaar die Schulbefreiung für ihr Kind durch die Anmeldung bei der Philadelphia-Schule schriftlich gegeben. Eltern an einem anderen Ort in demselben Bundesland gingen den Schwierigkeiten dadurch aus dem Wege, daß sie ihr Kind einfach bei der Einwohnermeldebehörde abmeldeten; sie folgten damit einem Rat des Kultusministeriums bei einer telefonischen Rückfrage. In einem dritten Fall läßt man ein Elternpaar bereits das zweite Schuljahr beim Hausunterricht stillschweigend gewähren.

In Baden-Württemberg erhielten Eltern durch die Anbindung ihrer Kinder an eine christliche Bekenntnisschule, an der diese an einigen ausgewählten Tagen zum Unterricht erscheinen, vom Oberschulamt die Erlaubnis, ihre Kinder zu Hause unterrichten zu dürfen. Im Falle weiterer Familien an einem Ort in diesem Bundesland hat die Schulbehörde die Duldung ausgesprochen mit der Auflage einer jährlichen Überprüfung; hier handelt es sich um eine kleine Gemeindeschule mit sieben Schülern. Weitere Anmeldungen liegen für das kommende Schuljahr vor.

Eine Mutter in Rheinland-Pfalz, ehemalige Musiklehrerin, unterrichtet ihre sechs Schulkinder selbst. Dabei hat sich noch drei Kleinkinder zu versorgen. Die Bezirksregierung gestattet ihr im Einvernehmen mit dem Kultusminister den Heimunterricht unter der Bedingung, daß die Leistungen der Kinder jährlich überprüft werden. Das ist im Sommer 1997 geschehen, und die Kinder haben die Prüfungen in der Grundschule, Realschule und im Gymnasium bestanden.

Die Vorgehensweise in Bayern ist unterschiedlich. In einem Fall meldete die Familie ihr Grundschulkind unter Vorlage der Anmeldung an der Philadelphia-Schule bei der vorher besuchten Schule ab, worauf diese die gesamte Schülerakte an die aufnehmende Schule übersandte. So sollte es grundsätzlich laufen. Andere Eltern, nahe der österreichischen Grenze wohnend, hatten ihre Kinder zunächst bei der Philadelphia-Schule angemeldet, wurden jedoch behördlicherseits aber so unter Druck gesetzt, daß sie es vorzogen, nach Österreich auszuweichen, wo sie eine Wohnung dicht hinter der Grenze gemietet haben, in der sie die Kinder an den üblichen Schultagen unterrichten und anschließend wieder an ihren deutschen Wohnort zurückkehren. Ein sie betreuender Lehrer aus Deutschland berichtet von guten Lernfortschritten der Schüler.

Zwei Familien in Sachsen-Anhalt, die Hausunterricht erteilen, haben keinerlei Schwierigkeiten; der einen wurde durch die Anmeldung bei der Philadelphia-Schule schriftlich die Schulbefreiung gegeben, die andere Heimschule duldet man stillschweigend.

Eine dritte Familie in demselben Bundesland hatte zunächst auch keine Schwierigkeiten mit den Behörden. Auch hier genügte die Anmeldebestätigung der Philadelphia-Schule, der von der vorher besuchten Schule die Schülerakte übersandt wurde. Als eine mißgünstige Schwiegermutter jedoch Anzeige erstattete, wurde ein Bußgeldverfahren in Gang gesetzt, gegen das wiederum vor dem Verwaltungsgericht Einspruch eingelegt wurde. Diese Familie schloß sich mit zwei weiteren Familien zusammen, und gemeinsam gründete sie die zweite Philadelphia-Zweigschule, die zugleich die erste Philadelphia-Gemeindeschule ist. Sie wird von einem ausgebildeten Lehrer geleitet, dem zwei Helferinnen zur Seite stehen.

Alle Eltern, die ihre Kinder an der Philadelphia-Schule angemeldet haben, sind in einem losen Schulbund zusammengeschlossen, um sich gegenseitig Hilfe und Beistand zu leisten. Eine Schulvertretung, bestehend aus Schuleltern und Lehrern bildet die Schulträgerschaft der Philadelphia-Schule. Ihre Aufgabe ist es,

a) die Philadelphia-Schule nach außen zu vertreten, insbesondere den Behörden gegenüber, wenn Eltern Beistand benötigen;
b) über die Aufnahme bei Schulanmeldungen zu entscheiden;
c) bei der Herstellung von Schulmaterialien und Schulbüchern mitzuwirken;
d) Konferenzen und Seminare zu veranstalten und
e) der Informationsdienst.

Eine Schule nach Gottes Plan

Die Kenntnis eines bestimmten Handwerks oder Berufes überhaupt setzt wohl Sachkenntnis voraus, ist aber nicht in jedem Falle allein Sache der Fachleute. Oft genug beherrschen Laien, also Nicht-Fachleute, die Sache zumindest ebensogut, teils sogar noch besser. Laien beschäftigen sich oft weitaus mehr mit der Sache und lernen ständig freiwillig dazu. Hingegen ist es eine Binsenweisheit, daß jeder Berufsstand neben hervorragenden Vertretern die mittelmäßigen kennt und schließlich ausgesprochene Nieten. Nicht einmal eine mit besten Noten abgelegte Prüfung garantiert, daß die praktische Arbeit den Erfordernissen entspricht.

Der Beruf des Lehrers ist im allgemeinen ausgebildeten Kräften vorbehalten, denen Kinder oder auch Erwachsene anvertraut werden oder sich freiwillig in deren Obhut begeben. In Deutschland und vergleichbaren Ländern durchlaufen Lehrer eine Hochschulausbildung, während in ärmeren Ländern bereits diejenigen selber unterrichten, die gerade eine Minimalausbildung hinter sich haben. Elementares Wissen reicht vielfach vollkommen aus, um den Lebensunterhalt bestreiten zu können. Durch ein Selbststudium erreichen besonders Fähige und Lernwillige oft erstaunliche Bildungsstände. Zeigt man diesen Begabten den Weg, wie sie sich weiteres Wissen aneignen können, so reicht das meist aus, ein gestecktes Bildungsziel auch zu erreichen.

Höhere Bildung ist durchaus nicht für jedermann erforderlich, sie würde sogar vielen die Freude an einfachen und doch so notwendigen Arbeiten rauben und sie gewissermaßen untauglich machen, an sinnvoller Stelle dem Volksganzen zu dienen.

Bildung ist die eine Seite des Tüchtigmachens für Leben und Beruf, Erziehung die andere. Konnte man bis in unsere Zeit davon ausgehen, daß ein gebildeter Mensch auch zugleich ein (wohl-)erzogener war, so verdrängt das Bestreben nach immer mehr Bildung - oder was man dafür hält - seit Jahren die Notwendigkeit von Erziehung. Wer sich beispielsweise in den modernen Kommunikationstechniken nicht oder nicht gut auskennt, hat kaum Aussicht, einen Arbeitsplatz zu bekommen oder auf der beruflichen Erfolgsleiter aufzusteigen. Dabei handelt es sich vielfach überhaupt nicht um Wissen, das ständig bereitgehalten wird, sondern um Fertigkeiten im Umgang mit technischen Geräten, die selber alles Erforderliche, zumindest an Daten und Fakten, bereitstellen. Erziehung ist hierbei nicht gefragt. Der Computer-Hardware ist es gleichgültig, ob der mit ihr Arbeitende die Tastatur sanft oder wie ein Berserker bedient, ob er unrasiert und in nachlässiger Kleidung davorsitzt oder mit Schlips und Kragen. Höflichkeit im Umgang mit Maschinen ist erst recht lächerlich. Der Mensch kommuniziert einfach mit der Maschine und vereinzelt dabei mehr und mehr. Dieser Maschinen-Einsame ist aber zugleich mit einer anonymen Masse ebenso Arbeitender gleichgeschaltet. Was zählt, ist allein die Anpassung an die Technik. Menschliche Regungen werden immer mehr bevorzugt durch die öffentlichen Medien hervorgerufen und entsprechend echter oder zunehmend künstlich erzeugter Bedürfnisse geplant eingesetzt.

Bildung ist zweckbezogen, Erziehung umfaßt den ganzen Menschen. Die sog. Herzensbildung ist der Erfolg erzieherischer Bemühungen, die den anderen Menschen als ein von Gott erschaffenes Wesen erkennt und achtet und sich zu ihm hingezogen fühlt.

Wir unterscheiden heute zwischen dem Beruf eines Lehrers und dem eines Erziehers, obgleich in beiden Berufen beide

Aspekte von Wichtigkeit sind und nicht voneinander getrennt werden dürfen. Daneben gibt es eine unüberschaubare Zahl von Erziehern und Lehrern, die es nicht berufsmäßig sind, sondern allein in Verantwortung für ihre Kinder: die Eltern. Sie sind die ersten Bezugspersonen, und sie bleiben es für lange Jahre. Sie prägen die entscheidenden frühen Jahre der Kindheit - wenigstens sollten sie es tun. Die Erziehung der eigenen Kinder ist ein Vorrecht und zugleich eine Pflicht, gottgegeben und letztlich in Seine Verantwortung gestellt.

Das Elternrecht auf Erziehung der Kinder ist dem Gesetz nach gesichert, und Eltern haben Mitspracherechte in der Schule, die es nie zuvor gegeben hat. Sie befinden mit über Schulbücher und bei Ausflügen, sitzen in Lehrerkonferenzen und dürfen sogar die Zeugnisse unterschreiben, allerdings nur zur Kenntnisnahme. Nur wenige dieser sog. Erziehungsberechtigten sind sich aber dabei im klaren, daß sie eine Alibi-Aufgabe erfüllen, denn alles Wesentliche bezüglich der Bildungsziele und des eventuellen erzieherischen Vorankommens von Kindern ist vorgeplant und kann meist in seiner negativen Tragweite gar nicht durchschaut werden. Wäre es anders, so müßten unsere derzeitigen staatlichen Schulen auf jede nur erdenkliche Art lehren und die Bildung diesem Geschehen zu-, wenn nicht unterordnen. Genau das Gegenteil ist richtig: Die Schulen sind Brutstätten von Amoralität, Gewalt und Egoismus geworden, und die Wissenslücken in vielen Bereichen sind gewaltig. Die Hintergründe dafür wurden in vorausgegangenen Kapiteln ausführlich dargestellt.

Wenn ein pädadogischer Laie nun eine andere Schulform als die bisher übliche propagiert, müßte er sich eigentlich des Beifalls vieler gewiß sein, die gleich ihm unter dem heruntergekommenen Schulsystem unserer Tage leiden. Die Institution Schule ist jedoch etwas so Unantastbares geworden, daß nur ganz wenige sie als solche infrage stellen, mögen sie auch noch so viel an und in ihr zu kritisieren haben. Der sog. ordentliche Schulbetrieb im Klassenverband und in dafür vorgesehenen Räumlichkeiten, die Unterrichtserteilung durch studierte Lehrer, die Kontrolle durch staatliche Stellen und die Inanspruchnahme von Geldern eben dieser Stellen werden auch dann vorausgesetzt, wenn Privatschulen ihre Pforten öffnen. Deren Vorzeichen sind gewiß anders, ihre Ziele vielfach ebenfalls, wenn deren Erreichbarkeit auch Gegebenheiten untergeordnet wird, die sich kaum von denen der herkömmlichen Schulen unterscheiden.

Es ist höchst bedauerlich, wie sehr die institutionalisierte Schule jedweder Prägung den Blick verstellt für eine Schulform, die in ihren Anfängen uralt ist, desungeachtet aber für Menschen, die nach dem Willen des lebendigen Gottes zu leben versuchen mit all seinen Konsequenzen, entscheidende Bedeutung hat: die Schule nach Gottes Plan.

„Nur in Gottes Wort finden wir die wahre Erziehungslehre, weil Gott allein die Tiefen und Untiefen des menschlichen Herzens kennt, um den Menschen zur Selbsterkenntnis zu führen, die bekanntlich der erste Weg zur Besserung ist. Durch dasselbe Wort kommt er auch zur Erkenntnis seines Schöpfers und zur rechten Welterkenntnis. Indem die Kinder lernen, diese Welt im Lichte Gottes zu betrachten und zu beurteilen, erhalten sie ein umfassenderes und realistischeres Weltbild, als dies mit Hilfe technischer Medien und sozialwissenschaftlicher Erkenntnisse erlangt werden kann."

Diese Sätze, entnommen einer größeren Arbeit von Stücher unter Mitarbeit von zwei anderen Autoren mit dem Titel „Der große Erziehungsauftrag" (Novumverlag 2014, 280 Seiten) verweisen darauf, daß Erziehung, wenn sie diesem Anspruch wirklich gerecht werden will, nur in Verantwortung vor Gott und Seinem lebendigen Wort geschehen kann. Von Gott ist den Eltern das unveräußerliche Recht auf die Erziehung ihrer Kinder gegeben worden. Es ist ein Naturrecht, das dem Recht auf Leben und Glaubens- bzw. Gewissensfreiheit nicht nachsteht.

Nachfolgend geben wir die wesentlichsten Gedanken dieser Schrift wieder, die in einer kurzen Didaktik der Schule nach Gottes Plan ihren Abschluß finden.

Obrigkeit ist - so will es Gottes Ordnung - zum Schutz von Leib und Leben, von Hab und Gut und zur Aufrechterhaltung der göttlichen Ordnung und des Sittengesetzes da. Die Beherrschung der Seele und des Gewissens steht allein Gott zu. Wie sehr Staat und Gesellschaft diese beiden Wesenheiten des Menschen vereinnahmt haben, ist nur einer Minderheit bewußt, die durchaus nicht nur aus dem gläubig-christlichen Lager kommt. Die Auswüchse der tausendfachen Manipulation sind für viele buchstäblich mit den Händen zu greifen, auch wenn sie die eigentlichen Ursachen - die Abkehr von Gott und Seinen Ordnungen - nicht sehen können oder wollen.

Die entscheidende Rolle bei der Bevölkerungszunahme kommt den Müttern zu. Im Elternhaus werden die Weichen gestellt, so Stücher, „ob die Kinder Rebellen oder Bürger werden. Emanzipierte Frauen, die ihre natürlichen Gefühle vergewaltigen, sind der Ruin des Staates, echte Mütter sein Ruhm." Bereits bei Martin Luther findet man den Hinweis, daß die Familie „die Quelle des Segens und Unsegens der Völker" sei.

Unter den vielen Werten unserer Welt, sofern sie noch wahrgenommen, geschützt und geachtet werden, steht das Kind an erster Stelle. Es ist zu wertvoll, um es sich selbst oder fragwürdigen Vertretern von Ideologien und Philosophien zu überlassen. Vorbild und Beispiel sind von wesentlicher Bedeutung für den Erziehungsprozeß; Lob und Tadel gehören dazu, und auch die heute verpönte Zucht hat ihre Berechtigung, wenn sie sinnvoll angewendet wird. Stücher sieht es so: „Die Verfechter der straffreien Erziehung verwechseln das Elternhaus mit anderen Erziehungsstätten, wo keine natürlichen Bindungen bestehen ... Kinder brauchen und wollen von den Eltern Zucht, das gehört zu ihrem natürlichen Wachstum. Seit die ganze Schöpfung unter dem Fluche steht durch den Sündenfall, gilt überall dasselbe Gesetz: Veredelung nur durch Zucht. Von selbst wachsen nur wilde Triebe."

Jesus Christus ist selbst der Lehrer aller Lehrer. Sein Leben und Dienst sind Vorbild für alle, die mit Erziehung zu tun haben. Stücher sagt von diesem göttlichen Vorbild, daß es uns gegeben ist „als erleuchtetster Lehrer, heiligster Priester und mächtigster König." Daraus folgt, daß Christen, die diesen Namen verdienen, „gebildet und gestaltet werden zu Menschen, die erleuchtet sind im Geist, heilig im Gewissenseifer und mächtig im Handeln, ein jeder in seinem Stand und Beruf."

Eltern und Lehrer sollten sich stets des gewiß sein, daß eine höhere Erziehungsstufe darin besteht, die Kinder den Gehorsam Christi zu lehren, auf dem der Geist der Gottesfurcht ruhte. So wie Christus dem Vater in allem gehorchte, ist es für das Glück der Kinder, zur Ehre Gottes und für das Wohl der Allgemeinheit förderlich, wenn Kinder nicht nur stets, sondern auch unmittelbar gehorchen. Ungehorsam und Übertretung sind eine Beleidigung Gottes. Wem es geistlich und in anderen Bereichen gutgehen soll, der muß Gottes Geboten gegenüber gehorsam sein.

Wie sehr sich solcher Gehorsam zum Nutzen des Menschen auswirkt, lehrt das Beispiel des Propheten Daniel, der voll Vertrauen und Treue zu Gott war und doch zugleich ein verantwortungsbewußter Bürger und Staatsmann in einer gottlosen Umgebung. Lebensbeschreibungen der Bibel sind von größtem Wert als Erziehungsmittel, weil Gott selber hier das Leben und Wirken von Menschen nachgezeichnet hat. Neben Daniel sind z.B. noch Joseph, David und Josia zu nennen.

In Gottes Erziehungsplan ist kein Platz für materialistisches Erfolgsdenken und für das ständige Wetteifern mit anderen. Charakterbildung ist das wichtigste Element in der Erziehung. Der eigene Wille muß gestählt und Selbstbeherrschung erlernt und gefördert werden. Der Wert wissenschaftlicher Erkenntnisse wird dabei keineswegs unterschätzt, und literarische Fähigkeiten sind sehr nützlich. Wahre Erziehung wertet die Kraft jedoch höher als die Kenntnisse, die Güte wiederum höher als die Kraft und schließlich den Charakter höher als die geistigen Fähigkeiten.

Das Ziel allen Erziehens sollte die Fähigkeit zum Dienen sein. Dabei geht es in erster Linie um den Dienst an Jesus Christus und Seinem Werk. Den Kindern ist daher immer wieder und wieder klarzumachen, daß sie nicht sich selbst gehören sondern Christus. „Ihre Zeit, ihre Kraft, ihre Fähigkeiten gehören IHM, um zu Seinem Dienst entwickelt und ausgebildet zu werden", schreibt Stücher. Folglich müssen die Kinder Einflüssen unterworfen werden, die zu solchem Dienen anleiten. Das elterliche Vorbild ist wichtig, aber auch das Erlernen von Höflichkeit anderen gegenüber, wobei gutes Benehmen keine leere Hülse sein darf, sondern aus der Gesamthaltung des Kindes entspringen muß.

Körper, Geist und Herz bilden eine Einheit. Somit muß sich Erziehung gleichermaßen um diese Bereiche kümmern, wobei es sich von selbst versteht, daß bei jedem Kind andere

Schwerpunkte gesetzt werden müssen, da ihr Wesen unterschiedlich ist. Bei dem einen wird die Heranbildung körperlicher Fertigkeiten leichter fallen als bei einem anderen, während es in geistigen Belangen möglicherweise umgekehrt ist. Eine Überbetonung geistiger Arbeit darf nicht sein, sie wäre einseitig und entspräche nicht dem biblischen Vorbild. Gott selber lehrt uns das tägliche Arbeiten. Der HErr Jesus Christus selber arbeitete als Zimmermann, bevor Er Seinen Rettungsdienst aufnahm; Paulus verknüpfte seine Missionstätigkeit mit dem Broterwerb als Zeltmacher.

Für die Heranwachsenden ist es sehr förderlich, wenn sie im Haushalt mithelfen gemäß ihrem Alter, außerdem bieten sich ggf. Arbeiten im Garten oder auf dem Feld an. Körperliche Arbeit bietet Schutz gegen Versuchungen mancher Art, wobei die geistigen Kräfte als die höherwertigen den Körper beherrschen sollen. Natürliche Begierden und Leidenschaften - dazu gehören auch Haartracht und Kleidung - müssen der Aufsicht des Gewissens unterliegen. Rechtschaffenheit, Fleiß, Mäßigkeit, Reinheit, Zuverlässigkeit und Sparsamkeit bilden für die ins Leben tretenden jungen Menschen ein höheres Kapital als Gelderwerb und das Erlangen von Zeugnissen. Jede Anlage soll zu höchster Entfaltung gebracht werden, wobei entscheidend ist, daß sich der Betreffende nicht auf den Erfolg eigener Bemühungen verläßt sondern auf Gottes Verheißungen.

Die Natur, die wir wahrnehmen, und das geschriebene Gotteswort erläutern sich gegenseitig. Ein angeblicher Widerstreit zwischen beiden besteht nicht, lediglich falsche Folgerungen und begriffliche Verwirrung haben zu dieser Polarisierung geführt. Dieselbe Macht, die die Natur erhält, wirkt auch im Menschen. Nur in Übereinstimmung mit seinem Schöpfer kann der Mensch den wahren Wirkungsbereich finden und seine Lebensführung in Einklang mit dem Willen des Schöpfers bringen. „Sein Gesetz in physischer, geistiger und sittlicher Hinsicht zu übertreten, heißt, sich aus der Harmonie des Weltalls herauslösen und Zwietracht, Gesetzlosigkeit und Zerstörung herbeiführen", so faßt Stücher diesen Gedankengang zusammen.

Wie sieht nun die Schule nach Gottes Plan in der Gestaltung des Unterrichts aus? Die folgenden Passagen einschließlich Überschriften sind wörtliche Übernahmen aus der erwähnten Arbeit von Stücher, jedoch sachbezogen gekürzt.

Vorbild und Grundlage

Ein Schulmodell, das nicht nur aus Theorie und Lehre besteht, sondern diese auch in Praxis und Leben umsetzt, eine Schule, in der die Interessen der Eltern, des Staates und der christlichen Gemeinde sich vereinigt finden, kann nur auf der Grundlage der Bibel errichtet werden. Wir können uns dabei neben den einschlägigen Schriftstellen, die uns an unseren eigentlichen Erziehungs- und Bildungsauftrag erinnern, auch auf bestimmte Vorbilder und Vorlagen der Schrift stützen, die unseren Umständen und Möglichkeiten entsprechen. In dem Sendschreiben an die Gemeinde zu Philadelphia im Buch der Offenbarung (Kapitel 3) finden wir den Schlüssel zu einem Schulprojekt, das genau in unsere Situation paßt. Die Bücher Esra und Nehemia in Verbindung mit den Propheten Sacharja und Haggai liegen diesem Sendschreiben zugrunde, das nicht nur der Wiederherstellung der Gemeinde gilt, sondern auch auf die Schule nach Gottes Gedanken Anwendung finden kann.

Wenn wir die Verheißungen Gottes glauben, wenn wir überzeugt sind von dem, was wir hoffen, geschieht etwas. Das prophetische Wort ermutigt uns auch heute, trotz aller Einwände und Widerstände das Werk des HErrn zum Wohle und Heile unserer Kinder fortzuführen. Was wir benötigen, ist geistliches Verständnis der Propheten durch den Heiligen Geist, der uns in alle Wahrheit leitet.

Gott denkt nicht nur an Seine Kinder, sondern auch an die, die es werden sollen aus der Welt. ‚Philadelphia' ist eine Schulstiftung Gottes an die ganze Welt, ein Schulerziehungsmodell, das die antichristlichen Mächte überwinden wird.

Geistlicher Aufbau und Aufsicht

Eine nach biblischen Grundsätzen aufgebaute Schule ist weder lebensfremd noch weltabgewandt, es sei denn von den verderblichen, zweifelhaften Elementen der Welt, die eine Gefahr für das Werk Gottes und die Seelen sind. Kinder und Jugendliche müssen geschützt werden, ohne isoliert zu werden.

Wer aufrichtig ist und das Wohl der Schüler aus lauteren Beweggründen sucht, wird sich nicht an Jesus und Seiner Lehre vorbeidrücken. Falsche Lehre und böse Grundsätze müssen der Schule ferngehalten werden. Die Philadelphia-Schule betreibt keine Einengung und Abkapselung oder Weltflucht, sondern vielmehr Offenheit und Freiheit, zu der Christus uns freigemacht hat. Doch ist diese Schule nicht für fleischlichen und weltlichen Sinn offen, sondern für das Wirken des Geistes Gottes an Herz und Gewissen.

Es bedarf tüchtiger und selbstloser Mitarbeiter, die sich dem inneren Aufbau der Jugend widmen. Diese Arbeit kann nicht allein durch äußere Maßregeln geschehen, es bedarf einer intensiven Arbeit an Geist, Seele und Charakter der Kinder.

Wenn sie fühlen, daß sie geachtet und geliebt sind, werden sie auch Mitarbeiter werden und auch zur Selbsterziehung bereit sein. Wenn sie sich selbst besser kennengelernt haben, wird es ihnen leichter fallen, eigenes Fehlverhalten einzudämmen, positive persönliche Eigenschaften zu verstärken, freiwillige Leistungen für sich und andere zu erbringen. Solche Mitarbeiter werden für das philadelphische Schulwerk gesucht, die sich weder durch Hohn und Spott der Widersacher von dem großen Auftrag abhalten lassen, noch den Widerständen und Klagen von innen nachgeben. Ihnen gebührt das geistliche Aufseheramt über die Schule.

Vorbild Prophetenschule

Die Schule muß den Prophetenschulen ähneln. Dieselben waren elf Jahrhunderte vor Christus durch Samuel gegründet worden, weil Väter und Mütter in Israel in ihrer Verpflichtung Gott gegenüber gleichgültig geworden waren. Diese Schulen sollten als eine Schutzmauer gegen die um sich greifende Verderbtheit dienen und für das geistige und geistliche Wohl der Jugend Sorge tragen.

Die Philadelphia-Schule, die ihre Wurzeln in den Prophetenschulen Samuels und weiter in der Tempelschule der nachbabylonischen Zeit hat, soll eine Erziehungsstätte sein, in der die Schüler der Zucht Christi unterstellt werden und von dem großen Lehrer lernen. Sie sollte Familienschule sein, auf der jeder Schüler besondere Hilfe von seinen Lehrern empfängt, wie die Kinder sie daheim von christlichen Eltern erhalten. Mitgefühl, Einigkeit und Liebe sind dort zu pflegen. Selbstlose, fromme und treue Lehrer, die die Liebe Gottes treibt, sollen liebevoll für die Gesundheit und das Glück ihrer Schüler sorgen.

Für die Schule der Zukunft sollen Lehrer ausgewählt werden, die sich Gott verantwortlich fühlen, um den Kindern die Notwendigkeit einzuprägen, Christus als persönlichen Heiland zu erkennen. Der Lehrer muß durch sein Wesen und durch sein zielstrebiges Arbeiten erkennen lassen, daß die göttliche Erziehung die bestimmende Macht in seinem Leben ist. Er soll die völlige Verderbtheit der ererbten adamitischen Natur erkannt und die Erlösung durch das Kreuz Christi erfahren haben. Voller Mitleid soll er besonders auf das Kind schauen, welches in seiner Kindheit schlecht erzogen wurde, und versuchen, vom Evangelium her die Kraft zu vermitteln, Fehler zu beseitigen, die den Charakter entstellen. Niemand sollte als Erzieher in der Schule tätig sein, der keine Erfahrung im Gehorsam den Geboten Gottes gegenüber hat.

Von allen Schülern wird ihrer Entwicklung entsprechend erwartet, daß sie die Ordnungen und Grenzen, die in einer solchen Schule gelten, anerkennen und beachten. Sie sollen einander, ihren Lehrern und anderen, mit denen sie in der Schule zusammenkommen, offen und ehrlich begegnen. Als einen Vorteil des Gehorsams wird das Kind frühzeitig lernen, daß Freiheit nur innerhalb der von Gott gesetzten Grenzen möglich ist und niemals auf Kosten des Nächsten ausgelebt werden darf.

Unterricht und Bildungsziele

Es soll den Kindern alles vermittelt werden, was für das spätere Leben notwendig und nützlich ist, alles Wahre und Schöne, was den Charakter bildet und den Geist fördert. Bei der Fülle des heute dargebotenen Fach- und Stoffplanes sollte ausgewählt werden, um sich auf das zu besinnen, was die Kinder im nachschulischen Leben an Wissen und Können tatsächlich brauchen.

Neben der formalen Bildung sollten auch die musischen Fähigkeiten gefördert werden. Herzstück und Lebensodem der Schule sind die gemeinsame Morgenandacht und der biblische Unterricht mit einer lebendigen Wortbetrachtung, aus der Schüler und Lehrer täglich Weisheit und Kraft schöpfen. Aber auch der Körper soll gestärkt werden; die morgendliche Gymnastik auf dem Schulhof ist neben der Sportstunde so wichtig wie Mathematik. Die christliche Atmosphäre und die familiäre Schulgemeinschaft machen das Lernen leicht und fördern echte Freundschaften.

Der Erfolg einer Schularbeit, die auf biblischen Grundsätzen und Grundwerten basiert, hat sich Jahrhunderte und Jahrtausende bewährt und wird sich auch in der Gegenwart und Zukunft bewähren.

Geschichte und Prophetie - Kernfächer im Unterricht

Ob im naturwissenschaftlichen oder im wirtschaftskundlichen Bereich, bei allen Fächern und Themen muß neu gefragt werden, welche biblischen Bezüge sich herstellen lassen und welche Lösungen in Übereinstimmung mit biblischen Maßstäben angeboten werden, auch in der Geschichte und Literatur. Die Bibel ist das älteste und umfassendste Geschichtswerk, welches die Menschheit besitzt. Sie erhellt die entfernteste Vergangenheit, welche die menschliche Forschung vergeblich zu durchdringen versucht. Nur hier finden wir einen glaubwürdigen Bericht von dem Ursprung der Völker. In der weltlichen Geschichtsschreibung scheinen das Wachstum der Völker, der Aufstieg und Niedergang von Weltreichen vom Willen und von der Tapferkeit des Menschen abzuhängen. Die Bibel enthält eine echte Geschichtsschau, und wir erblicken hinter und über allem Spiel und Ge-

genspiel menschlicher Interessen, Kräfte und Leidenschaften das Walten des Allmächtigen.

Die Prophezeiung hat die Erhebung und den Fall der größten Reiche der alten Welt vorgezeichnet. Ein jedes hatte seine Prüfungszeit, kam seiner Aufgabe nicht nach, seine Macht entwich, und sein Platz wurde von einem anderen Reich eingenommen.

Die Weissagungen des Buches Daniel sind im voraus geschriebene Welt- und Kirchengeschichte und münden ein in die Geheimnisse der Offenbarung Jesu Christi. Das Studium der heiligen Geschichte wird weite, umfassende Lebensansichten verleihen. Der Schüler soll insbesondere die Bedeutung der Weissagung der Offenbarung für seinen persönlichen Überwinderkampf erkennen können, nämlich Geschichte auf der inneren Linie als Heilsgeschichte zu verstehen, welche durch alle Widerstände hindurch schließlich doch siegreich verläuft.

Sprachlehre mit der Bibel

Nur die Wahrheit hat Wert, und diese lernen wir aus Gottes Wort und Werken. Erforschen wir diese, so wird der Geist gestärkt, das Herz gereinigt, und wir werden dem Heiland ähnlicher werden. Wir sollten unsere Zeit gebrauchen, nur um das zu lernen, was wahr ist.

Das Heim ist des Kindes erste Schule, und hier setzen auch die ersten fruchtbaren Einflüsse der Sprachbildung ein. Aus einer guten Quelle, aus der das kindliche Empfinden schöpft, fließt auch die Bereitschaft, sich auszudrücken, und an diese Ausdrucksform des Kindes kann der Lehrer mit geeigneten Mitteln und Themen zur Sprachbildung anknüpfen. Die Mittel dazu sind Sprachstücke, die dem Kinderherz bewußt werden lassen, wie Jesus die Kinder liebt, wie Gott sie versorgen läßt und wie die Kinder Ihn wiederlieben und ehren können.

Durch Fleiß und Anstrengung sollen die Schüler die Fähigkeit erlangen, verständlich zu lesen und in einem vollen, klaren Ton in deutlicher und eindrucksvoller Weise zu sprechen. Von allen Gaben, die wir von Gott empfangen haben, kann keine zu einem größeren Segen werden als gerade die Gabe der Sprache.

Die Heilige Schrift eignet sich in ganz besonderer Weise für den muttersprachlichen Unterricht in den höheren Klassen. Die Bibel hat entscheidend die deutsche Sprache gestaltet; und noch immer wird ihr stilistischer und literarischer Wert als Buch der Bücher in der Welt gerühmt.

Dichtung und Gesang

Die frühesten wie auch die erhabensten dichterischen Äußerungen, die der Menschheit bekannt sind, finden sich in der Heiligen Schrift. Ehe die ältesten Dichter der Welt ihren Gesang anhoben, überlieferte uns Hiob jene Worte Gottes, die in ihrer Erhabenheit und Tiefe unerreicht sind und an die die höchsten Erzeugnisse menschlichen Geistes nicht herankommen.

Die eigentliche heilige Dichtung hat ihre Wurzel in der Weissagung. Die ersten Dichter des Volkes Israel sind Propheten; denken wir an das Lied des Moses, es ist das älteste heilige Volkslied. Die Blütezeit der heiligen Dichtkunst unter dem Volk Israel kann man von der Neubelebung an rechnen, welche mit Samuel eintrat. Mit ihm begannen die Erhebung des Volkes aus dem religiösen, sittlichen und nationalen Verfall und die Erziehung und Bildung eines neuen Geschlechts.

Der Deutschunterricht wird sich im besonderen mit der Literaturkunde der Bibel beschäftigen; er geht dabei nicht an den Sprachschöpfungen der allgemeinen Literatur vorbei, die einen hohen bildenden Wert haben.

Die vertonte Dichtung hat auch den Lobgesang hervorgebracht. Die Geschichte der biblischen Gesänge ist voller Hinweise hinsichtlich der Verwendung und des Nutzens von Musik und Gesang. Wenn sie recht angewendet wird, ist die Musik eine köstliche Gottesgabe.

Oft wird die Musik zum Dienst des Bösen mißbraucht und zum geschicktesten Mittel der Verführung gemacht. Davor sollten wir unsere Kinder hüten.

Es gibt nicht viele Mittel, die Gottes Wort besser und tiefer ins Herz zu pflanzen vermögen, als sie im Liede zu wiederholen. Der Erziehungswert des Gesanges sollte niemals außer acht gelassen werden. Im Heim sollten Lieder gesungen werden, die lieblich und rein sind; das kostet weniger zurechtweisende Worte und schafft mehr Frohsinn, Hoffnung und Freude.

Der Gesang gehört genauso zur Anbetung wie das gesprochene Gebet. Wenn schon das Kind diese Wahrheit begreift, wird es mehr die Worte, die es singt, bedenken und für sie empfänglicher werden.

Modell einer christl. Gesamtschule

1. Heimschule (Grundlage, 1-3 Familien)

a) Organisation:
  - Kl.1-10 (HS, RS)
  - Unterricht durch Eltern (Hilfslehrer: Verwandte, Freunde)
  - Heimschulbetreuung (ausgebildete Lehrer), fernmündl., PC, Fax, Besuche
  - Bildungswochen (Freizeitheim), Projektwochen (1-15 Kinder)
  - Seminare für Eltern/Schüler, Schulkonferenzen

b) Lehrpläne/Unterricht/Fächer:
  - PhS-Lehrpläne decken alle Bundesländer ab, bibl.Bezüge
  - Schulbetrieb wie in einer normalen Schule
  - Zeiten, Pausen, Ferien (ortsüblich)
  - Alle Fächer: Deutsch, Mathematik, Englisch, Biologie, Erdkunde, Physik/Chemie, Wirtschaftskunde (Hauswirtschaft) Geschichte/Politik, Sport, Kunst, eine zweite Fremdsprache (wahlweise Latein, Hebräisch, Griechisch), oder Arbeitslehre. Dazu Sachkunde in der Primarstufe, Basteln, Handarbeit und Kochen für Mädchen, Zeichnen und Werken für Jungen, ebenso Gesang und Musik. Es werden Hausaufgaben aufgegeben.

c) Unterrichtsmittel/Schulbücher:
  - übliche Schulbücher mit Lehrerbücher/Lösungen
  - Grundschule: Deutsch: Zebibücher , Sachkunde (Unterrichtshilfen), Englisch

- Lernprogramme, Stundenskizzen, Kurse (Englisch, Chemie)
- Lernkontrollen, Arbeiten einsenden

d) Lernziele und Abschluß:
- solide Basis an Grundwissen und Fertigkeiten.
- Besondere Förderung hochbegabter und lernschwacher Schüler
- Keine Probleme bei Übergang zu weiterführenden Schulen (Gymnasium, Berufsschule)
- Alle Abschlüsse (HS, FOS) durch „Nichtschülerprüfung"

2. Orts- und Gemeinschule

wie Heimschule (Wohnhaus, Gemeindehaus), eigenständig, drei und mehr Familien,
- Evtl. Anstellung eines Lehrers, Eltern helfen mit
- Abteilungsunterricht (Schüler einer Abt. erhalten in versch. Fächern gleichen Unterricht), Epochal-Unterricht
(1 Nebenfach mehrere Wochen)

Übergang zur genehmigten Grundschule, Hauptschule mit Realschulstufe und gymn. Stufe. Antrag auf Genehmigung. PhS-Schulträgerverein für alle Schularten, bundesweit.

Schulart übergreifende Gesamtschule

1. Schulart und Schulstufen

In der PhS-Gesamtschule bestehen stets mehrere Schularten gleichberechtigt nebeneinander. Ein Übergang zwischen den einzelnen Schularten ist möglich. In der H e i m s c h u l e werden Kinder gläubiger Eltern zu Hause unterrichtet. Kommen weitere gläubige Familien aus dem Wohnort und der näheren Umgebung hinzu, kann sie zu einer O r t s - bzw. G e m e i n d e s c h u l e anwachsen. Eine G r u n d - und H a u p t s c h u l e bzw. Realschulstufe entsteht dann, wenn so viele Familien hinzugekommen sind, daß Jahrgangsklassen gebildet werden können (mind. sieben Schüler pro Jahrgang). Diese Schulart ist dann offen für alle Kindern, deren Eltern eine biblische Erziehung und Bildung wollen.

Die Heimschule arbeitet mit einer Orts- und Gemeindeschule oder Grund- und Hauptschule zusammen, das heißt, sie wird von Lehrern aus einer diesen beiden Schularten betreut. Das Nebeneinander der drei Schularten und die Weiterentwicklungsmöglichket für jede Schulart ermöglicht den Eltern eine Auswahl, die die unterschiedlichen Gegebenheiten in den jeweiligen Wohnorten miteinbezieht. Die einzelnen Schularten weisen wegen der unterschiedlichen Schüleranzahl verschiedene Organisationsformen auf. So findet in der Heimschule E i n z e l u n t e r r i c h t statt, während in der Ortsschule A b t e i l u n g s u n t e r r i c h t zu finden ist. In der Grund- und Hauptschule bestehen dann die üblichen K l a s s e n s t u f e n .

2.Unterrichtsorganisation
2.1. Lehrer

Durch die besondere Aufteilung in Heimschulen, Orts- bzw. Gemeindeschulen sowie offenen Grund- und Hauptschulen werden die Schüler der Philadelphia-Gesamtschule zum Teil von nicht ausgebildeten Lehrkräften unterrichtet. Um der Durchführung des Unterrichts die nötige Qualität zu gewährleisten, werden für diese Hilfslehrer ausgearbeitete Stundenvorbereitungen, Arbeitsblätter mit Lösungen und Lehrbücher als Hilfe gegeben. Darüber hinaus werden zu ihrer Aus- und Weiterbildung von ausgebildeten Fachlehrern Seminare durchgeführt.

2.2. Hausunterricht

Der Unterricht in der Heimschule erfolgt in der Regel durch die Eltern. Sie erhalten von einem ausgebildeten Lehrer, dem Betreuer der Heimschule, fortgesetzt unterrichtspraktische Anleitungen. Die Grundlage des Unterrichts bildet das Lernprogramm (Stundenskizzen) der Philadelphia-Schule. Der Lernfortschritt wird regelmäßig überprüft und benotet. Mindestens zweimal im Jahr nimmt der Hausschüler an einem Blockunterricht in einer Orts- und Gemeindeschule teil.

2.3. Abteilungsunterricht

Eine Besonderheit der PhS-Gesamtschule ist der Abteilungsunterricht in der Orts- und Gemeindeschule. Dabei werden wie in der früheren Landschule bestimmte Jahrgangsstufen zu Arbeitsverbänden zusammengefaßt. Die Schüler einer Abteilung erhalten in allen Fächern den gleichen Unterricht, mit Ausnahme von Mathematik und Englisch sowie dem Anfangsunterricht der ersten Klasse. Hierbei wird ein zweijähriger Bildungsplan aufgestellt und nach einen methodisch sinnvollen Jahreswechselfolge des Lehrstoffs für die Schulstufen vorgegangen.

PHILADELPHIA-GESAMTSCHULE
Schulart und -stufenplan

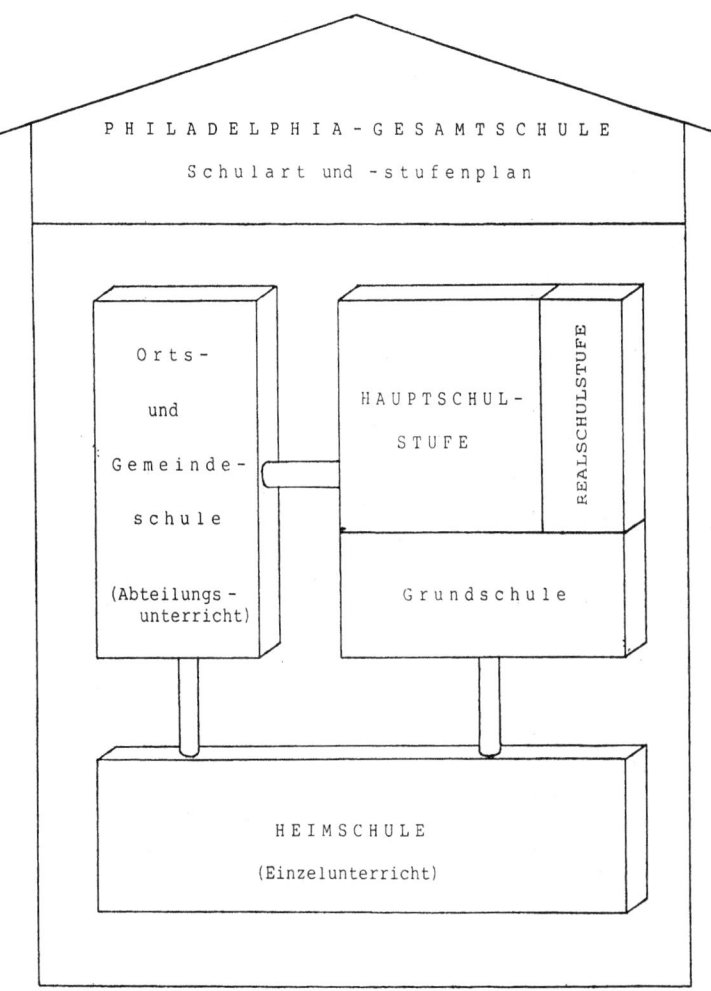

Christliche Heimschulen im Ausland

Was in Deutschland vielerorts Gerichte beschäftigte und noch beschäftigt, ist in **Österreich** seit 35 Jahren eine Selbstverständlichkeit: der häusliche Unterricht, die private Heimschule, geregelt durch staatliche Vorschriften.

Im „Bundesgesetz vom 25. Juli 1962 über die Organisation der Schulverwaltung und Schulaufsicht des Bundes (Bundesschulaufsichtsgesetz)" heißt es, daß die allgemeine Schulpflicht neben der Teilnahme am Unterricht einer Privatschule ohne Öffentlichkeit auch „durch die Teilnahme an häuslichem Unterricht erfüllt werden" kann. Die Eltern oder andere Erziehungsberechtigte „haben die Teilnahme ihres Kindes... dem Bezirksschulrat jeweils vor Beginn des Schuljahres anzuzeigen." (§ 11 Abs. 1 - 3) Die Abmeldung von der staatlichen Schule, die bisher besucht wurde bzw. die besucht werden müßte, ist reine Formsache; sie muß einen Monat vor Beginn des häuslichen Unterrichts erfolgen. Der Bezirks- bzw. Landesschulrat muß der Abmeldung zustimmen, was in der Regel so aussieht, daß der Antrag als genehmigt gilt, wenn die Behörde nicht reagiert. Probleme bei der Genehmigung des Heimunterrichts gibt es grundsätzlich nicht, da die Gleichwertigkeit der häuslichen Unterweisung mit den übrigen zugelassenen Unterrichtsmöglichkeiten vorausgesetzt wird.

Nach Bewilligung des Heimunterrichts hat der Schüler sich jährlich einer sog. Externistenprüfung zu unterziehen. Die Behörde übermittelt dabei - zumindest im Bereich der Volksschulen - ein Verzeichnis von Prüfungsschulen, aus dem eine ausgewählt werden kann, um dort die außerschulmäßige Prüfung abzulegen. Einzelheiten der Prüfung werden von dem Schüler vorab mit den Prüfern abgesprochen. Über das Prüfungsergebnis erhält der Schüler ein sog. Externistenprüfungszeugnis, das selbstverständlich den Zeugnissen der staatlichen und der privaten Schulen gleichgestellt ist. Die Prüfungen werden für den Volksschulbereich jeweils am Ende des Schuljahres abgelegt, für den gymnasialen Bereich erfolgen Teilprüfungen, die über das Schuljahr verteilt werden und deren Termin sich der Schüler selbst aussuchen kann.

Die Teilprüfungen beziehen sich auf ein Unterrichtsfach, in dem aber dann jeweils der gesamte Jahresstoff geprüft wird, was allerdings auf den Schüler recht belastend wirkt, da auch in den übrigen Fächern entsprechende Überprüfungen stattfinden. Die Bewältigung der großen Stoffmenge zur Prüfung ist letztlich die einzige Schwierigkeit bei der Durchführung von Heimunterricht in Österreich. Zu erwähnen ist noch, daß in den Fächern Werken und Leibesübungen/Turnen keine Prüfung abzulegen ist.

Wie solch häuslicher Unterricht in unserem Nachbarland zur großen Zufriedenheit aller Beteiligten verläuft, soll ein Auszug aus einem Brief eines Familienvaters verdeutlichen, der in der Großstadt Wien diese Art des Unterrichtens pflegt. Er schreibt Ende Oktober 1995 an einen Mitarbeiter der Philadelphia-Schule: „... haben wir alle unsere fünf Kinder schon etliche Jahre - es ist jetzt das 4. Schuljahr - zu Hause unterrichtet, und es war für uns und unsere Kinder eine schöne Zeit. Unser ältester Sohn hat zuhause das Abitur gemacht und studiert jetzt Medizin. Unsere anderen Kinder lernen zuhause und unterrichten auch zum Teil die jüngeren Geschwister. Alle unsere Kinder fühlen sich zu Hause sehr wohl und machen auch die Prüfungen hervorragend... Der Hausunterricht ist für uns ein wertvoller Teil unserer staatsbürgerlichen Grundrechte, da wir dadurch die Kinder in unserem Sinne erziehen können."

Aus **Kanada** berichtet eine deutsche Lehrerin, die zuvor dreißig Jahre in Deutschland gelebt und unterrichtet hatte und dabei als - wie sie sich selbst charakterisiert - emanzipatorische Lehrerin auch die übliche Art der Geschlechtserziehung praktizierte:

„Heute, wo ich dank Gottes großer Gnade Jesus Christus als meinen HErrn und Heiland preisen darf, möchte ich helfen, Kinder vor solchen Lehrern, wie ich selber war, zu schützen ... In Kanada sind wir glücklicher dran als in Deutschland, weil es keine Schulpflicht gibt, sondern nur eine Erziehungspflicht. Jeder kann also legal seine Kinder zuhause unterrichten. Es gibt ein staatliches Heimunterrichtsprogramm, bei dem die Kinder alles Unterrichtsmaterial kostenlos zugeschickt bekommen. Es gibt auch christliche Schulen jeder Art, die ganz privat arbeiten. Unsere Schule ist im Kellergeschoß unserer Kirche untergebracht, wobei ich anmerken sollte, daß (sowohl die Kirche als auch) die Schule von der Gemeinde selbst finanziert wird. Kirche und Staat sind in Kanada getrennt. Zur Zeit besuchen 9 Kinder von 5 Eltern die Schule, und diese Eltern bezahlen zusammen das Gehalt von 1.200 Dollar an den Lehrer. Als staatlicher Lehrer bekäme unser Mann das doppelte Gehalt. Aber da unser Lehrer unser christlicher Bruder ist, ist er mit dem zufrieden, was wir Eltern aufbringen können. Wir finden die Zustände hier bestens geeignet, um unseren Kindern das mit auf den Lebensweg zu geben, was wir als Eltern für richtig und wichtig halten. Ich wollte, die deutschen Behörden nähmen sich ein Beispiel daran. Was nutzt alle Bildung dem, der Christus nicht kennt. Ich sage das als jemand, der fast 25 Jahre auf Schule und Universitäten gelernt hat und n i c h t s (Sperrung von der Verfasserin) wußte, bis ein einfacher Waldarbeiter, der erst mit 26 lesen und schreiben gelernt hat, mir das Evangelium Christi predigte. Ein kleines Kind, das weiß, wie man Unsterblichkeit erwirbt, weiß millionenfach mehr als der gescheiteste Professor der Welt ... Wir sind hier sehr stolz auf unsere kleine Schule. Die Kinder tragen alle eine Schuluniform (graue Hose bzw. Rock und weinrotes Hemd bzw. Bluse), um vor aller Welt zu zeigen, wohin sie gehören." (Aus zwei privaten Briefen aus Kanada, geschrieben am 24.1.1987 bzw. 9.3.1987, an die Eltern von Kindern der damaligen Philadelphia-Zweigschule).

Wie die Verhältnisse in den **USA** sind, schildert ein ebenfalls privater Brief aus Wichita/Kansas an den Gründer der ersten deutschen Hausschule. Unter dem Datum des 4.2.1996 heißt es dort u.a.:

„Genau die gleichen antichristlichen Tendenzen wie in Deutschland hatten schon mein Mann (starb 1972) und ich in den 60-ger Jahren hier gesehen. Unsere ersten 6 Kinder gingen zur ersten christlichen Schule hier ... Zu wenige Christen verstanden damals die Lage, u. die Schule ging bankrott. Dann unterrichtete ich 7 Jahre lang an einer Privatschule, damit die Kinder dorthin gehen konnten. Sowohl akademisch wie auch mit Disziplin ging es in den oeffentlichen Schulen rasend bergab. Nunmehr in der Generation der Enkelkinder ist es ganz klar (sogar den nicht-Christen),- dass der Zustand der oeffentl.Schulen ganz katastrophal ist. Zuerst sprangen viele neue Privat- und christliche Schulen auf, aber dann begann die Heimschulbewegung ... Es ist nunmehr bekannt, dass die Heimschueler in Amerika akademisch besser stehen als die oeffentlichen, von der Disziplin ganz zu schweigen.

Auch hier werden wir geduldet, und die Medien (Presse, Fernsehen usw.), die mit nur sehr wenigen Ausnahmen militant antichristlich sind, berichten wenig von uns. Um so besser!

Vor zwei Jahren wollte der Kongress in Washington es den Eltern gesetzlich versagen, ihre eigenen Kinder zu unterrichten. Da gab es tausende von Telefonanrufen an die Abgeordneten von ueberall in den USA - mehr als je mit irgendeinem anderen Gesetzesvorschlag! - und der Vorschlag „starb" im Ausschuss.

Niemand weiss, wie viele Kinder in Amerika jetzt heimgeschult werden, doch sind es mindestens mehrere hunderttausend. Heimschulvereinigungen gibt es in jedem amerikanischen Staat ...

Es gibt jetzt genug Unterrichtsmaterial, welches überhaupt nicht mehr mit dem der oeffentlichen Schulen uebereinstimmt, in allen Fächern ...

Die gesetzliche Lage der Heimschulen ist je nach Staat hier verschieden. Hier in Kansas muss man die Heimschule in der Hauptstadt beim Erziehungsminister registrieren - das ist alles. Die Eltern brauchen nicht „akkreditierte Lehrer" sein. Hier brauchen die Kinder auch nicht von Zeit zu Zeit vom Staate geprueft werden, wie das in anderen Staaten der Fall ist. Es gibt besondere Pruefungen, wenn man an die Universitaet will, und unsere Kinder nehmen diese und bestehen sie sehr gut. Wir brauchen nicht den gleichen Stundenplan wie in der oeffentlichen Schule durchfuehren, nur die gleiche Zahl von Unterrichtstagen pro Jahr (hier 185)."

„'Ein Kind ist kein Geschöpf des Staates', entschied schon 1925 das Oberste US-Gericht zugunsten von Heimschulen. Und darüber herrscht Konsens im Lande der Individualrechte - unbeschadet aller Debatten über Vor- und Nachteile der Schulen, die derzeit einen Boom erleben." So berichten „Naumburger Tagblatt" und „Bonner Generalanzeiger" übereinstimmend in einem Artikel.

Dazu noch ein Zeugnis eines Heimschulvaters aus dem US-Bundesstaat Michigan (aus einem Brief an Lehrer Klaus): „Es ist nicht ein Glücksfall, daß wir Gelegenheit haben, unsere

Kinder zu unterrichten, sondern ein Gebot Gottes, welches zu unserem Segen und zu Seiner Verherrlichung gegeben wurde. Ein Kind gehört nicht dem Staat, noch den Eltern, sondern GOTT ... Weltliche Eltern, und oft auch ‚christliche' Eltern überlassen diese wichtige Aufgabe oftmals einer gottlosen Gesellschaft. Es ist eine Ehre, ein Kind in dem Wege zu erziehen, den es gehen soll. Besser noch ist es, selbst auf diesem Weg zu gehen. Wir Eltern sind ihr Vorbild, das ihnen am tiefsten im Gedächtnis bleiben wird ..."

Über eine Million amerikanische Familien unterrichten ihre Kinder derzeitig zu Hause. Als Gründe nennen sie, daß die Staatsschulen der heranwachsenden Generation eine unchristliche Lebensweise, „safe" sex, eine antifamiliäre Haltung, anti-amerikanische Traditionen und eine internationalistische Sichtweise anerziehen. Nachdem Deutschland in den letzten Jahrzehnten so viel Unnützes und Schädliches aus den USA übernommen hat, wäre es an der Zeit, aus der breiten dortigen Heimschulbewegung Nutzen zu ziehen. Die erste deutsche Heimschule, allerdings völlig unabhängig von amerikanischen Vorbildern, entstand bereits 1980.

Eine umfassende Studie „Erziehung in Heimschulen" in den Vereinigten Staaten hat gezeigt, daß die Heimschüler im Vergleich zu den Schülern an öffentlichen Schulen bei landesweit genormten Leistungsprüfungen besser abschneiden. „Warum entscheiden sich so viele Eltern für Heimschulen?" fragt die Untersuchung. „Weil es funktioniert". Durchschnittlich übertreffen Heimschüler ihre Schulkameraden der staatlichen Schulen um 30-37 % in allen Fächern. (Herausgeber: Brian D. Ray, Home School Legal Defense Association)

Ein Informationsblatt für Heimschulinteressenten

Was bietet die Philadelphia-Schule?

Als Heim- bzw. Hausschule (Homeschooling) ist die Philadelphia-Schule eine echte Schulalternative, sie bietet Unterrichtshilfen für die Klassen 1 – 10 an. Dank unserem von erfahrenen Fachlehrern ausgearbeiteten Lernprogramm ist jede Mutter in der Lage, ihrem Kinde Lesen, Schreiben und Rechnen beizubringen.

Für die Sekundarstufe I erlauben Stundenskizzen dem Schüler ein weitgehend selbständiges Lernen.

Darüber hinaus werden die Schüler der Philadelphia-Schule durch ausgebildete Lehrer fachlich und pädagogisch betreut; es besteht ein ständiger Kontakt, schriftlich, fernmündlich und ggf. durch Hausbesuche. Das Programm der Philadelphia-Schule gewährleistet einen optimalen Unterricht, es führt die Heimschüler bis zum Haupt- bzw. Realschulabschluss; die Abschlüsse können extern abgelegt werden. Leistungskontrollen unterstützen den Hausunterricht, Elternseminare, Projekt- und Bildungswochen ergänzen ihn.

Der Heimschulunterricht hat sich als außerordentlich erfolgreich erwiesen. Bereits über 500 Schüler konnten auf diese Weise von der Philadelphia-Schule betreut werden. Der Übergang auf weiterführende Schulen war in der Regel kein Problem; oft gehörten unsere Schüler zu den Klassenbesten, weil sie gelernt haben wie man lernt.

Heimschüler kennen keinen Stress, haben größere Freiheiten als andere Schüler; sie können jederzeit Auslandsreisen, Exkursionen und Betriebspraktikas machen, Museen besuchen, unterwegs lernen. Homeschooler sind nicht an Ort und Zeiten gebunden. Alles Vorteile, um die sie oft beneidet werden.

Was leisten Heimschüler?

Viele Leute sind völlig desinformiert was Homeschooling ist und leistet. Sie behaupten, Heimschüler könnten keine Abschlüsse erwerben, sie hätten keine Bildungs- und Berufschancen. Dies sind lediglich Vorurteile, die vielmehr auf einen Teil der Schüler in staatlichen Schulen zutreffen. Vor allem viele Hauptschüler (230.000) haben keinen Schulabschluss, bekommen keinen Ausbildungsplatz, sind in ihrer Berufswahl sehr eingeschränkt; Lerndefizite und mangelnde soziale Kompetenz verbauen ihnen die Zukunft. Dies Heimschülern zu unterstellen ist wohl nur ein deutsches Problem. In allen EU-Ländern (z.B. Frankreich, Belgien, Dänemark etc.) haben Eltern bzw. Kinder die Wahl zwischen öffentlicher Schule und Hausschule. Heimschüler erfüllen die Schulpflicht besser, effektiver, wie folgende Beispiele zeigen, zu denen noch viele ähnliche Fälle hinzugefügt werden könnten. Hier eine Auswahl, die den Durchschnitt zeigen und die Gleichwertigkeit des Hausunterrichts unter der Betreuung der Philadelphia-Schule mit der öffentlichen Schule dokumentieren:

Gerhard Stücher: 10 Jahre Hausunterricht, Realschulabschluss (extern), 11.Kl. Gymnasium bestes Zeugnis, zum Klassensprecher gewählt, danach Schulsprecher; Abitur (1,7) unter den drei Besten, die ausgezeichnet wurden, Ausbildung, Studium. **Zeugnis Anl. 1**

Esther Stücher: 10 Jahre Hausunterricht, Hauptschulabschluß n. Kl.10, Abschlußzeugnis der Berufsschule, nachträgl. Fachoberschulreife erworben. **Zeugnisse Anl. 2 u. 3**

Norbert Stücher: 10 Jahre Heimschulunterricht, Hauptschulabschluß n. Kl.10, bester Berufsschulabschluß. Lehrer sagt zu seinem Vater: Norbert ist hier unser Primus, was man ihn fragt, weiß er. **Zeugnisse Anl. 4**

Markus Völlm: 7 Jahre Hausschule, externer Realschulabschluss, Gymnasium, Jahrgangsbester beim Abitur, Arztstudium erfolgreich abgeschlossen, **Zeugnis Anl. 5**

Philipp Blanck: 8 Jahre Hausschule, Realschulabschluss. **Zeugnis Anl. 6**

Seine Schwester Johanna: Realschlusabschluss (1,7). Die Prüfung hat mir Spaß gemacht, Lehrer waren sehr freundlich. Einer meinte: „Eigentlich brauchte man gar keine Schule."

Miriam Kerger: 4 Jahre Hausschule, Hauptschulabschluss: **Zeugnis Anl.7**

Nelli Harder: Kl.6-10 Hausschule, Hauptschulabschluss, Berufsschule. **Zeugnis Anl. 8**

Cindy Herrmann: 7 Jahre Hausschule, Realschulsabschluss. Zeugnis Anl. 9

Cindy Richter: 6 Jahre Haussschule, erweiterter Realschulabschluss Kl.10b. **Zeugnis Anl.10**

Zeugnisse der PhS-Heimschüler   Anlage 1

Gerhard Stücher

geboren am 13. Februar 1981 in Siegen

war vom 01. August 1997 bis zur Aushändigung des Zeugnisses Schüler der Fachoberschule für Sozial-und Gesundheitswesen (Sozialwesen). Der Prüfungsausschuss stellte in seiner Abschlusskonferenz am 04. Juni 1999 folgende Leistungen fest:

Religionslehre	*sehr gut*
Deutsch	*gut*
Englisch	*gut*
Mathematik	*sehr gut*
Politik	*gut*
Biologie	*gut*
Sport	*sehr gut*
Soziologie	*sehr gut*
Psychologie	*gut*
Pädagogik	*gut*
Gesundheitserziehung	*gut*
Förderkurs	*sehr gut*

Bemerkung(en):

*) Der Förderkurs wurde im Fach Medizin abgeleistet.

Er hat die Abschlussprüfung der Fachoberschule bestanden.

Durchschnittsnote: *1,7*　　　　　　　　　　in Worten: *eins / sieben*

Anlage 2

Bezirksregierung Arnsberg

Z E U G N I S

über den Erwerb des

Sekundarabschlusses I – Hauptschulabschluß nach Klasse 10 –

Frau/~~Herr~~ ____Esther Stücher_____

geboren am ____21.07.1978_____ in ____Siegen_____

hat sich der Nichtschülerprüfung zum Erwerb des Sekundarabschlusses I – Hauptschulabschluß nach Klasse 10 – nach der Verordnung über die Nichtschülerprüfung zum Erwerb der Abschlüsse der Sekundarstufe I (PO-NSch-SI) vom 11. September 1989 (SGV. NW. 223/BASS 19-32 Nr. 4.1) unterzogen.

Leistungen:

Deutsch: ____befriedigend____   Geschichte/Politik: ____gut____

Mathematik: ____befriedigend____   Erdkunde : ____ausreichend____

Englisch: ____sehr gut____   Biologie : ____befriedigend____

/_____:____/

Sie/~~Er~~ hat den *Sekundarabschluß I – Hauptschulabschluß nach Klasse 10 –* erworben.

Arnsberg, den 30. Juni 1994
Ort, Datum

Vorsitzende/r des Prüfungsausschusses

Notenstufen: sehr gut (1), gut (2), befriedigend (3), ausreichend (4), mangelhaft (5), ungenügend (6)

Anlage 3

Esther Stücher

hat mit der Note *- gut -* (Durchschnittsnote) 1,89 den

Berufsschulabschluss

erworben.

SIEGEN, 23. Juni 1997

_____ _____
Schulleiterin   gez. Haselbeck
  Klassenlehrer(in)

Beschluss der Zeugniskonferenz:

Esther Stücher

hat einen dem

Sekundarabschluss I

- Fachoberschulreife -

gleichwertigen Abschluss erworben.

Bemerkung(en):

Englischkenntnisse wurden mit Bescheinigung der Volkshochschule Siegen vom 26. August 1999 nachgewiesen.

10. September 1999

_____ _____
Schulleiterin   gez. Haselbeck
  Klassenlehrer(in)

Anlage 4

DER REGIERUNGSPRÄSIDENT

in

Arnsberg

Z E U G N I S

über die Nichtschülerprüfung zum Erwerb des
SEKUNDARABSCHLUSSES I - Hauptschulabschluß nach Klasse 10 -

Norbert Stücher
(Vor- und Zuname)

geboren am 22.04.1976 in Eiserfeld Kreis Siegen
hat im Monat Juli 19 92
vor dem Prüfungsausschuß des Regierungspräsidenten in Arnsberg
die Nichtschülerprüfung zum Erwerb des Sekundarabschlusses I
-Hauptschulabschluß nach Klasse 10- nach der Prüfungsordnung
gem. § 26 b SchVG (PO-NSch-SI) abgelegt.

LEISTUNGEN:

Deutsch:	gut	Biologie:	sehr gut
Mathematik:	gut	Physik:	--------
Englisch:	befriedigend	Chemie:	--------
Geschichte-Politik:	sehr gut		
Erdkunde :	gut	:	

Norbert Stücher hat den
(Vor- und Zuname)

Sekundarabschluß I -Hauptschulabschluß nach
Klasse 10-
erworben.

Schwelm, 20.07.1992
(Ort, Datum)

(Vorsitzende(r) des Prüfungsausschusses)

(Siegel des RP)

Zeugnisnoten: sehr gut, gut, befriedigend,
ausreichend, mangelhaft,
ungenügend

Anlage 5

Baden-Württemberg

CARL-SCHAEFER-SCHULE
Ludwigsburg
Zeugnis des beruflichen Gymnasiums
der dreijährigen Aufbauform
- technische Richtung -

Klassenstufe 11　　　　　　　　Schuljahr 1997/98　　　　　　　　2. Halbjahr

Zuname, Vorname　　**Völlm, Markus**
geboren am　　　　　**13.11.1980**
in　　　　　　　　　　**Neuenbürg**

Verhalten　　**sehr gut**　　　　Mitarbeit　　**sehr gut**

Leistungen in den einzelnen Fächern:
Pflichtfächer

Deutsch	gut	Physik	gut
Englisch	gut	Chemie	gut
Französisch	-------	Technik	gut
Geschichte mit Gemeinschaftskunde und Wirtschaftsgeographie	gut	Fertigungstechnik	sehr gut
Religionslehre	sehr gut	Computertechnik	sehr gut
Ethik	-------	Sport	gut
Mathematik	sehr gut		

Wahlfächer

Französisch/Niveau A	-------
Französisch/Niveau B	sehr gut
Laborübungen in Chemie	sehr gut
Textverarbeitung	-------

Teilnahme an Arbeitsgemeinschaften:

-------　　　　-------　　　　-------　　　　-------

Bemerkungen:　Versetzt
　　　　　　　Markus Völlm erhält einen Preis

Datum: 16. Juli 1998

i.V. _____　　　　　　　_____ Stöckle (StD)
Schulleiter　　　　　　　　　　　　　Klassenlehrer

Gesehen!
Erziehungsberechtigter: _____

Notenstufen:
sehr gut (1), gut (2), befriedigend (3), ausreichend (4), mangelhaft (5), ungenügend (6)

Anlage 6

Baden-Württemberg

Baden-Württemberg **Abschrift**

Realschule Tettnang
Name der Schule

Zeugnis über den Realschulabschluss

Vor- und Zuname Philipp Blanck

geboren am 17.04.1992

in

hat die Abschlussprüfung der Realschule für Schulfremde mit Erfolg abgelegt.

Schriftliche Prüfungsfächer waren: Deutsch, Mathematik, _____ Englisch
Pflichtfremdsprache

Leistungen in den einzelnen Fächern:

Religion	sehr gut	Mathematik	gut
Deutsch	gut		
Geschichte	befriedigend		
Englisch	gut		

Leistungen in den einzelnen Fächerverbünden:

Naturwissenschaftliches Arbeiten (NWA) sehr gut

Bemerkungen:

Datum: 04.07.2008

_____ (Dienstsiegel _____
Vorsitzende/r des Prüfungsausschusses der Schule) Schulleiter/in
gez. Dr. Karin Boszat   gez. Tania Szabo

Notenstufen: sehr gut (1), gut (2), befriedigend (3), ausreichend (4), mangelhaft (5), ungenügend (6)

Anlage 7

Baden-Württemberg

MOZARTSCHULE SCHWÄBISCH GMÜND-HUSSENHOFEN
Grund- und Hauptschule mit Werkrealschule
Name der Schule

Zeugnis über den Hauptschulabschluß

Vor- und Zuname   Miriam Kerger

geboren am   21. Dezember 1985

in   Filderstadt

hat die Abschlußprüfung der Hauptschule für Schulfremde mit Erfolg abgelegt.

Leistungen in den einzelnen Fächern:

Religionslehre	---	Physik	---
Deutsch	sehr gut	Biologie/Chemie	sehr gut
Erdkunde	sehr gut	Sport	---
Geschichte	---	Musik	---
Gemeinschaftskunde/Wirtschaftslehre	sehr gut	Bildende Kunst	---
Englisch	gut	Technik	---
Mathematik	gut	Hauswirtschaft/Textiles Werken	---

sehr gut (1,3)
Gesamtnote und Durchschnitt der Gesamtleistungen

Bemerkungen:

13. Juli 2001
Datum

Vorsitzende/r des Prüfungsausschusses

Notenstufen: sehr gut (1), gut (2), befriedigend (3), ausreichend (4), mangelhaft (5), ungenügend (6)

Anlage 8

Name der Schule: **Berufliches Schulzentrum Pulsnitz**

ZEUGNIS
der Berufsschule
Berufsgrundbildungsjahr

Schuljahr: 2003/2004

Vor- und Zuname: Nelli Harder

geboren am: 11.07.86 in Nikolaewka

hat das Berufsgrundbildungsjahr im Berufsfeld: Gesundheit und Pflege

mit dem Schwerpunkt: Hauswirtschaft und Grundkrankenpflege

mit/ohne[1] Erfolg besucht.

Leistungen in den einzelnen Fächern

PFLICHTBEREICH

Allgemeiner Bereich

Ethik	befriedigend	Sozialkunde	befriedigend
Deutsch	gut	Sport	gut
Wirtschaftskunde	gut		

Fachtheoretischer/Fachlicher Bereich[1]

Anatomie/Physiologie	sehr gut	Mathematik	befriedigend
Krankheitslehre	sehr gut	Wirtschaftl. Grundlagen	gut
Naturwiss. Grundkenntnisse/Physik	sehr gut	Rechtliche Grundlagen	gut
		Psychologie	gut

Fachpraktischer Bereich

Arbeitsfelder im Gesundheitswesen	gut	Hauswirtschaftl. Übungen	befriedigend
Umgang in der sozialen Betreuung	sehr gut	Maschineschreiben/CT	gut
		Übungen auf der Krankenstation	gut

Bemerkungen

Der fachpraktische Einsatz erfolgte im Sächsischen Krankenhaus Arnsdorf.

Die Berufsschulpflicht des Schülers/der Schülerin wird hiermit nach § 28 Abs. 5 SchulG für beendet erklärt.
Die Berufsschulpflicht lebt wieder auf, wenn innerhalb von zwei Jahren nach Ausstellung dieses Zeugnisses ein Berufsausbildungsverhältnis eingegangen wird.

Pulsnitz, 09.07.2004
Datum

Schulleiterin

Klassenlehrer/in

NOTENSTUFEN
sehr gut (1), gut (2), befriedigend (3), ausreichend (4), mangelhaft (5), ungenügend (6)
1) Nichtzutreffendes streichen

Anlage 9

ZEUGNIS

über die Prüfung für Nichtschüler zum Erwerb
des Realschulabschlusses

Herrmann, Cindy
Name und sämtliche Vornamen, Rufname unterstreichen

geboren am _27.05.1988_ in _Hagenow_ Kreis _Hagenow_

hat in der Zeit vom _25.05.2005_ bis _01.07.2005_

vor dem Prüfungsausschuss beim Schulamt _Schwerin_

die Prüfung für Nichtschüler zum Erwerb des Realschulabschlusses nach der Prüfungsordnung vom 14. 10. 1997 (MBl. KM. M.-V. 1997 S. 828) abgelegt.

Ihre/Seine Leistungen in der Prüfung waren in

Deutsch	sehr gut	Geschichte/~~Sozialkunde~~	sehr gut
Mathematik	sehr gut	Biologie	sehr gut
Fremdsprache: _Englisch_	gut	Physik/~~Chemie~~	gut
Geographie	—		

Bemerkungen: _Der Abschluss entspricht dem qualifizierten Realschulabschluss._

Sie/Er hat die Prüfung bestanden. Dieser Abschluss entspricht dem Abschluss der Realschule.

Schwerin, 07.07.2005
Ort, Datum

Dienstsiegel

Vorsitzender des Prüfungsausschusses

Bewertung der Leistungen: 1 = sehr gut, 2 = gut, 3 = befriedigend, 4 = ausreichend, 5 = mangelhaft, 6 = ungenügend

Anlage 10

	Cindy Richter
	Vor- und Zuname

geb. am	19.02.1993	in	Burg	Kreis	Burg

Klasse	10 b	Schuljahr	2008/2009

Leistungen:

Deutsch	gut	~~Ev.~~ / ~~Kath.~~* Religionsunterricht	sehr gut
Mathematik	befriedigend	Ethikunterricht	---
Englisch	gut	Wirtschaft	sehr gut
Biologie	sehr gut	Technik	nicht erteilt
Physik	gut	Hauswirtschaft	nicht erteilt
Chemie	gut	Musik	sehr gut
Astronomie	nicht erteilt	Kunsterziehung	sehr gut
Geographie	sehr gut	Sport	sehr gut
Geschichte	gut	Französisch	sehr gut
Sozialkunde	sehr gut	Zweite Fremdsprache	---
		Wahlpflichtkurs	

Bemerkungen:

Dieser Abschluss berechtigt zum Besuch der gymnasialen Oberstufe.

Mit diesem Zeugnis wurde der

erweiterte Realschulabschluss

erworben.

Ort, Datum: Burg, 20.06.2009

_____
Schulleiter
W. Faßl

_____
Klassenlehrerin
Wermuth

Dem Zeugnis liegt die Vereinbarung der Kultusministerkonferenz über die Schularten und Bildungsgänge im Sekundarbereich I vom 3.12.1993 i.d.F. vom 10.5.1996 zu Grunde.

* Nicht Zutreffendes streichen
Abkürzungen: n.e. = nicht erteilt; b = befreit; n.b. = nicht bewertet;
Notenstufen: sehr gut = 1; gut = 2; befriedigend = 3; ausreichend = 4; mangelhaft = 5; ungenügend = 6

Kopie mit dem Original verglichen.
Die Richtigkeit geprüft und bestätigt.
Burg, den 20.06.09

Sekundarschule
F.A.W. Diesterweg
Karl-Marx-Str. 37
39288 Burg

Unterschrift

Anlage 11

Gymnasium Eschenbach i. d. OPf.

JAHRESZEUGNIS

Benjamin Simeon Schallwig,
(Vornamen, Familienname)

geboren am 17. Dezember 1987 in Auerbach i.d.OPf. / Amberg-Sulzbach,

hat im Schuljahr 1998/99 die Klasse 5B des Gymnasiums besucht.

Bemerkungen über Anlagen, Mitarbeit und Verhalten:

Benjamin war ein phasenweise etwas empfindlicher Schüler, dessen Verhalten stets von Anständigkeit und Freundlichkeit geprägt war. Er erfreute durch eifrige Mitarbeit und Interesse am Unterricht. Seine schulischen Leistungen sind es durchaus wert, lobend hervorgehoben zu werden. ---------------

Leistungen

Fach	Note	Fach	Note
Religionslehre (----)	-------	Geschichte	-------
Deutsch	gut	Erdkunde	gut
Latein (Fremdsprache)	-------	Sozialkunde	-------
Griechisch (Fremdsprache)	-------	Ethik	-------
Englisch (1. Fremdsprache)	sehr gut	Wirtschafts- und Rechtslehre	-------
Französisch (Fremdsprache)	-------	Kunsterziehung	gut
Mathematik	sehr gut	Musik	sehr gut
Physik	-------	Sport	sehr gut
Chemie	-------		
Biologie	sehr gut		

Die Erlaubnis zum Vorrücken in die nächsthöhere Jahrgangsstufe hat er --- erhalten.

Eschenbach i. d. OPf., 28. Juli 1999

Schulleiter/XXXXXXXXXX
R. Jobst, OStD

XXXXXXXXX/Klassenleiterin
S. Löw, StRin z. A.

Lernen in der Philadelphia – Schule

Die Philadelphia-Schule ist eine Heimschule (homeschool). Mit ihrer Unterstützung werden Schüler zu Hause von ihren Eltern oder anderen Lehrpersonen unterrichtet. Fachlehrer betreuen die Heimschüler und stehen in ständigem Kontakt mit ihnen.

Die Schüler lernen nach von uns erstellten Unterrichtsskizzen. Diese besitzen Gültigkeit für die Sekundarstufe I (Haupt- und Realschule Kl. 5 bis 10).

Sie sind ausgearbeitet für die Fächer: Deutsch, Geschichte, Erdkunde, Biologie etc. ab dem 5. Schuljahr, Wirtschaftskunde, Politik/Sozialkunde und Kirchengeschichte ab dem 7. Schuljahr.

Die Skizzen wurden unter folgenden Aspekten erstellt:

1) Die Schüler sollen sich ein selbstgesteuertes Lernen aneignen, und zwar schon ab dem 5. Schuljahr, nicht erst in der Berufschule,

2) dadurch werden sie zur Selbständigkeit erzogen, somit sind die Skizzen Hilfe zur Selbsthilfe,

3) damit sind unsere Schüler, wie es sich gezeigt hat, sehr erfolgreich, entweder in der gymnasialen Oberstufe oder in der Berufsausbildung,

4) ferner sind die Unterrichtsskizzen jederzeit und überall einsetzbar, sie sind flexibel und variabel,

5) sie unterscheiden sich von anderen Lernsystemen bzw. Fernschulen, da sie nicht an bestimmte Lehrpersonen gebunden sind,

6) nicht zuletzt haben die Skizzen den Vorteil, dass auch Eltern, die keine pädagogische Ausbildung haben, durch Informationen helfen können, z.b. in Wirtschaftskunde und Politik/ Sozialkunde.

Ehemalige Schuleltern und Schüler schreiben:

… gerne senden wir dir das Jahreszeugnis von Bejamin aus der 5.Klasse Gymnasium. Auch das Halbjahreszeugnis liegt bei, um zu veranschaulichen, daß es sich bei den Leistungen nicht um eine kurzfristige Angelegenheit, sondern um eine gut fundierte, beständige Sache handelt.

An dieser Stelle möchten wir Dir noch einmal herzlich für Deine Hilfe danken. Leider gibt es nicht viele, die den Schritt wagen, ihre Kinder asus dem staatlichen Schulsystem herauszunehmen, obwohl doch gerade mit den erbrachten Leistungen, nicht nur denen von Benjamin, klar nachgewiesen werden kann, daß wir die Schulpflicht auf dem von uns eingeschlagenen Weg erfüllen. Zeugnis Anl.11

… Nachdem nun einer unserer beiden Jungs inzwischen seine Lehrzeit, sowie die dafür erforderliche Berufsschule als einer der Besten abgeschlossen hat, möchte ich mich als Heimschulmutter für die großartige und durchaus hilfreiche Unterstützung anhand der verwendeten Stundenskizzen in Deutsch, Erdkunde, Geschichte, Politik und Wirtschaftskunde der Philadelphia-Schule ganz herzlich bedanken. Diese wunderbaren Skizzen haben meiner Überzeugung nach den erfolgten Beweis erbracht, vor allem die Wegweisung des selbständigen Lernens, welches sich laut Aussage der Lehrherren im Betrieb, sowie der Berufsschullehrer bemerkbar macht. Selbst für mich als HS-Lehrerin war es eine große Erleichterung, den Kindern das Notwendige zu vermitteln. Ohne diese Unterrichtshilfen wäre ich, was die Stundenplanung samt Themen betrifft, teilweise ratlos gewesen. Selbst Pädagogen staatlicher Schulen, ob Haupt- oder Realschulen oder Gymnasien, denen ich Einsicht in die Stundenskizzen gewährte, waren davon tief beeindruckt. Nochmals vielen herzlichen Dank für diese Hilfe. P.S.

... heute möchten wir uns bei Ihnen herzlich bedanken für alle Hilfe und Begleitung während der vergangenen Jahre. Unsere beiden Söhne haben im Mai ihren externen Hauptschulabschluss mit den Noten 2,0 bzw. 1,8 bestanden und werden nun mit der Studiengemeinschaft Darmstadt für das Abitur lernen. Sie wollen ihren Schwerpunkt auf Physik, Chemie und Mathematik legen. Fam. D.

Heimschüler Johannes u.Philipp schreiben: ... auch ganz liebe Grüße von Mama und Papa. Wir haben gerade an einer christlichen Privatschule unseren Realschulabschluss mit 1,0 machen dürfen und zehren noch immer von unserer Heimschulzeit, in der wir lernten, unsere Zeit auszukaufen ...

... Ihre Einladung freut uns sehr und tatsächlich würden wir gerne einmal wieder zu Ihrem Seminar kommen. Darf ich Sie bitten, dass Sie mich in Ihren Mailverteiler aufnehmen? Leider können wir an dem besagten Termin nicht. Ganz herzlich danke ich Ihnen die wichtigen Impulse, mit denen Sie uns ermutigten, vor sieben Jahren Homeschooling anzufangen. Anbei ein Bild von unseren Kindern, die ohne Homeschooling sicher ganz anders dastünden. Viel Kraft für Ihr wichtiges Anliegen und Gottes reichen Segen. M.H.

Leistungsüberprüfungen

Moritz, 2. Schulj., Überprüfung durch die Grundschule in Icker, Beurteilung: M. zeigte sich als ein sehr zugänglicher, ruhiger, aber interessierte Schüler, der auch mündlich zunehmend aktiver mitarbeitete. Seine schriftlichen Arbeiten fertigte er bedächtig, konzentriert und sorgfältig an. Seinen allgemeinen Wissensstand würde ich – soweit ich das in der kurzen Zeit beurteilen konnte – höher als durchschnittlich bezeichnen. Seine gezeigten Leistungen entsprechen den Anforderungen eines 2. Schuljahres und sind durchaus oberhalb (teilweise auch gut oberhalb) des Durchschnitts einzustufen. Als Schüler einer 2. Klasse würde er mit Sicherheit zu den Leistungsträgern gehören.

Lisa-Marie: 6 Jahre Hausschule, Wechsel auf Gymnasium, gewann die Mathe-Olympiade, 2. Platz beim Kreislesewettbewerb.

Aaron-Simon, 9. Schulj., im Schulamt D. durch Schulpsychologe und Beratungsrektor St. am 16.3.10 (Ein Zweitkorrektor überprüfte alle Aufgaben): Deutsch, Lesen: A. erreichte beim Leseverständnis einen Prozentrang von 94, d.h., dass nur 6% der Schüler der 9. Kl. der Hauptschule gleiche oder bessere Ergebniss erzielen würden.

Richtig schreiben: Von den 80 Wörtern bzw. Wortgruppen schrieb A. 69 richtig. Dieser Rohwert entspricht einem Prozentrang als Hauptschüler von 100, als Realschüler von 99. Das Ergebnis ist als sehr gut zu bezeichnen.

Sprache untersuchen: Von 47 möglichen Bewertungseinheiten erreichte A 38,5 (82%), was einem überdurchschnittlichen Ergebnis entspricht.

Schriftlicher Sprachgebrauch: Insgesamt erreichte A. 17,5 Bewertungseinheiten von möglichen 21, was einem Prozentsatz von ca. 80% entspricht und somit eine überdurchschnittliche Leistung darstellt.

Mathematik: A. ereichte von den 23 möglichen Punkten alle 23, was die Anforderungen der Hauptschule weit übertrifft.

Englisch: Im Fach Englisch ergab sich ebenfalls ein überdurchschnittliches Kompetenzniveau.

Schlussbemerkung: A. erledigte das große Pensum an einem Vormittag von 9.00 - 12.30 Uhr und erwies sich dabei als sehr konzentriert, arbeitete zielstrebig, sauber und diszipliniert und benötigte nur kurze Pausen zwischen den einzelnen Teilbereichen.

* * *

Heimschulfamilien flüchten ins Ausland
PhS – Bericht

Während in fast allen EU-Ländern Hausunterricht erlaubt ist, werden in der Bundesrepublik Heimschuleltern kriminalisiert und verfolgt. Einige Familien sahen sich deshalb gezwungen, Deutschland zu verlassen und ins europäische Ausland zu flüchten oder nach Übersee auszuwandern. Familien im grenznahen Bereich nahmen ihren zweiten Wohnsitz in Österreich, Schweiz, Frankreich, Belgien, Niederlande und Dänemark. In einigen Fällen nahm man auch die Familientrennung in Kauf, wobei nur die Mutter mit den Kindern ins Nachbarland auswich. Auch innerhalb der Bundesrepublik wechselten Familien ihren Wohnsitz in ein anderes Bundesland, wo sie nicht diese Schwierigkeiten mit den Behörden hatten.

Die Familie Weigel aus Heusenstamm (Hessen) unterrichtete seit 1987 ein Kind zu Hause. Die Anmeldung bei der Philadelphia-Schule hielt das Schulamt nicht davon ab, den Eltern ein Bußgeld in Höhe von DM 4000,- aufzuerlegen mit der Androhung von Gefängnis, falls die Eltern weiterhin ihr Kind nicht in die Schule schicken. Die Familie sah sich unter diesem Druck gezwungen, nach den USA auszuwandern.

Ähnlich erging es Familie Sims in Hohenfelde (Brandenburg). Sie verließ 1996 ebenfalls das Land. Der Vater war Amerikaner und unterrichtete als Englischlehrer am Gymnasium. Den Unterricht zu Hause besorgte seine Frau, die ausgebildete Grundschullehrerin war. Widersprüche gegen die sich ständig erhöhenden Zwangsgelder sowie Klagen vor dem Verwaltungsgericht bis zum Oberverwaltungsgericht hatten keinen Erfolg. Schließlich wurde der Druck von den Behörden so stark, dass sie ihr erst kürzlich erworbenes Anwesen, in das sie viel Geld zur Renovierung gesteckt hatten, wieder verkaufen mußten und mit ihren fünf Kindern in England eine neue Bleibe fanden.

Die Familien Janzen (Nordrhein-Westfalen) und Zeiter (Baden-Württemberg) wanderten 2001 nach Kanada aus. Dort wird sogar Heimschule vom Staat unterstützt, sie erhalten 500 bis 1.000 Dollar für Schulbücher, Museumbesuche etc. Andere Heimschulfamilien halten sich vorübergehend in Paraguay und Bolivien auf, bis die Kinder nicht mehr schulpflichtig sind. Sie werden von der Philadelphia-Schule betreut, so dass eine Eingliederung in Deutschland später problemlos möglich ist.

Familie Gülk konnte zunächst in Hamburg mit schulamtlicher Duldung ihre drei Schulkinder unterrichten. Jährliche Leistungsüberprüfungen fielen immer gut aus, so dass sie sechs Jahre lang (1984 bis 1990) Heimschule machen konnten. Die Hamburger Schulbehörde korrespondierte mit dem Siegener Schulamt und wollte wie dieses im Falle Stücher keinen Druck auf die Familie ausüben.

Später siedelteFamilie Gülk nach Niedersachsen um; dort kauften sie einen Bauernhof, den sie aber nach zwei Jahren fluchtartig verlassen mußten. Die Behörden hatten den Eltern das Sorgerecht entzogen und die fünf Kinder mit Polizeigewalt in ein Heim gebracht. Es gelang den Eltern, bei einem Besuch ihrer Kinder habhaft zu werden. Sofort ergriffen sie mit ihrem Hab und Gut die Flucht zur Familie Stücher in Siegen (NRW), die schon über zehn Jahre Schulfreiheit genoss. Von dort aus zogen sie an einen Ort in der Nähe, der aber zu Rheinland-Pfalz gehört, und kauften ein Haus. Aber auch hier hatte sie nicht lange Ruhe vor dem Schulamt. Nach einiger Zeit mußten sie abermals ihr Haus verlassen, kauften sich einen Wohnwagen und reisten mit ihren inzwischen sechs Kindern wie die Zigeuner von Ort zu Ort, nie länger als drei Wochen an einem Platz, um der Meldepflicht zu entgehen. Schließlich setzten sie sich nach Spanien ab. Obwohl die Kinder durch die Umzüge manche Unterrichtszeit versäumten, erreichten die beiden ältesten nach ihrer Rückkehr nach Deutschland problemlos ihre Schulabschlüsse; der Sohn als Jahrgangsbester wurde Fernmeldetechniker, seine Schwester ist Stewardesse geworden.

Die Familien Jens (Schleswig-Holstein) und Rose (Bremen) retteten sich 1999 aus dem Bußgeldverfahren durch Übersiedlung nach Dänemark. Beide Väter hatten als Beamter und Ingenieur um ihrer Kinder willen gute Stellungen aufgegeben. In Dänemark wird der Heimunterricht durch die öffentlichen Schulen unterstützt, die Kinder können die Einrichtungen der Schule für Experimentalübungen nutzen.

Andere Familien, die nicht genannt werden wollen, in Niedersachsen, nahe der holländischen Grenze, haben sich in den Niederlanden eine Wohnung gemietet, wo sie die Woche über ihre Kinder unterrichten oder täglich pendeln. In Holland mußte die Schulfreiheit auch erst erkämpft werden. Zwar erlaubt das Gesetz den Hausunterricht, wenn die Eltern die (Geistes-)Richtung der Schule mit ihrem Glauben unvereinbar halten und eine Schule ihres Bekenntnisses nicht in erreichbarer Nähe ist. Es bedurfte eines höchstrichterlichen Urteils, um einer holländischen Familie (de Groot) Freiheit zu geben. Seitdem nimmt die Heimschulbewegung in Holland zu.

Einige Familien in Bayern sind nach Österreich ausgewichen. Die Familien Pfanzelter und Neuner in Garmisch-Partenkirchen hatten nur wenige Kilometer zur Grenze. Als der Druck des Schulamtes zunahm, mieteten sie gerade über die Grenze in Österreich ein Zimmer für ihre Heimschule, wo die Schüler sich mit ihrem Lehrer tagsüber aufhielten. Die jährlichen Externistenprüfungen in einer öffentlichen Schule bestanden sie immer gut.

Zwei andere Famlien, namens Scheifler und Simon, das heißt nur die Mütter mit den Kindern, sind ebenfalls nach Österreich geflüchtet, um einem Sorgerechtsentzug zu entgehen.

Der letzte Härtefall ereignete sich in Müden (Niedersachsen). Den Eltern Thiessen wurde das Sorgerecht für ihre Schulkinder teilweise entzogen. Die Mutter konnte mir ihren drei Kindern in Baden-Württemberg in einer nicht anerkannten aber vom Schulamt geduldeten Gemeindeschule in Bad Friedrichshall Aufnahme finden, während der Vater in der Woche seiner Arbeit nachgehen muß. Die Trennung ist aber für beide Teile auf Dauer keine Lösung. Rechtsanwaltliche Hilfe brachte bisher keine Rückgabe des Sorgerechts.

Alle genannten Familien werden oder wurden durch die Philadelphia-Schule fachlich und pädagogisch betreut. Der Leistungsstand der Kinder war bzw. ist überdurchschnittlich gut verglichen mit ihren Altersgenossen an öffentlichen Schulen. Es bleibt völlig unbegreiflich, wie die Behörden in Deutschland den Heimschuleltern zusetzen, während zugleich Fernunterricht für Kinder, die mit ihren Eltern im Ausland leben, Diplomaten, Missionare, Monteure, von den Kultusministerien empfohlen und finanziell unterstützt wird, z.B. das ILS-Fernlehrwerk. Diese Kinder haben keine Probleme bei der Wiedereingliederung in das deutsche Schulsystem, erfahrungsgemäß sind sie ihren Schulkameraden im selbständigen Lernen voraus. So ist also Heimschule im Ausland gut und legal, in Deutschland aber ein strafwürdiges Vergehen, ja bei Grenzübertritt ein Schaden für das Wohl des Kindes.

Schule in der Presse

Augsburger Chefarzt schlägt Alarm

Immer mehr Kinder sind seelisch krank

Eßstörungen, Angstneurosen und Schulphobien machen immer häufiger schon Zehnjährigen zu schaffen

Augsburg (dpa) – Immer häufiger treten bei Kindern seelische Störungen auf. Die Ursache dafür sieht der Chefarzt am Augsburger Josefinum, Rudolf Winkler, in der Gesellschaft. In der Kinder- und Jugendpsychiatrie seines Krankenhauses ist die Zahl der ambulant behandelten Patienten seit 1985 „von praktisch Null" auf 1200 im Jahr gestiegen.

„Die Situation in Schule, Ausbildung und Familie überfordert zunehmend unsere Kinder", sagte Winkler in einem Gespräch mit der Nachrichtenagentur. Dabei werden Patienten, die an Psychosen oder Angstsymptomen leiden, immer jünger. Schon Kinder im Alter von zehn und elf Jahren flüchteten in Scheinwelten, griffen zu Drogen oder litten immer häufiger an Eßstörungen. Auch Schulphobien nähmen zu. Aus Angst, sich von den Eltern trennen zu müssen, wollten Kinder nicht zur Schule gehen.

SZ 18.11.1996

Als wesentliche Ursache nannte Winkler das Scheitern vieler Ehen. „Dadurch fällt die Rolle der Eltern als Vorbild und Leitfigur weg." Zudem seien Kinder und Jugendliche heute gezwungen, sich viel stärker als früher anzupassen. Statt sich in ihrer Not zu offenbaren, zögen sich gerade jüngere Kinder zurück. Andere versuchten, sich durch aggressives, zerstörerisches Verhalten vom seelischen Druck zu befreien. Viele Kinder leiden, wie Winkler beoachtet hat, auch unter den Folgen der Arbeitslosigkeit ihrer Eltern. „Die psychischen Probleme eines arbeitslosen Familienvaters hinterlassen auch in der Kinderseele ihre Spuren."

Eltern, die rauchen, gefährden Kinder nach Ansicht des Arztes besonders stark. „Die Hemmschwelle von Erwachsenen, vor ihren Kindern zum Glimmstengel zu greifen, ist ganz stark gesunken." In die Augsburger Klinik werden schon Zehnjährige von ihren Eltern zum Entgiften gebracht. Zunehmend müssen die Ärzte auch Kinder behandeln, die dem Haschisch oder der Disco-Droge „Ecstasy" verfallen sind. Alkoholmißbrauch im Kindesalter sei dagegen eher selten.

Die Ärzte am Augsburger Josefinum machten die Erfahrung, daß „viele Störungen viel zu spät erkannt werden". Eltern rät Winkler deshalb, sich auffällige Beobachtungen mitzuteilen. „Väter und Mütter sollten dann möglichst frühzeitig eine Erziehungsberatungsstelle oder einen niedergelassenen Arzt der Kinder- und Jugendpsychiatrie einschalten."

Das Josefinum ist in Schwaben bisher die einzige Klinik, in der psychisch kranke Kinder behandelt werden. Eine weitere Einrichtung mit 25 Betten soll demnächst in Kempten eröffnet werden. Der Krankenhausträger, die katholische Jugendfürsorge, wartet noch auf die Genehmigung durch das Sozialministerium.

Das Lied der Heimschule

Gottlob, wir sind der Schule entronnen,
Unsere Eltern haben uns rausgenommen.
Aber was war denn dort so schlimm?
Ach, es ging einfach ums Benimm.

Lehren und Lernen mit Lust und Freude,
ein Problem in jeder Schule heute.
Die Klasse zu laut, der Lehrer matt.
Er hat das ständige Brüllen satt.

    Kaum hat die Stunde begonnen,
    ist sie schon wieder zerronnen.
    Diskutieren, Spaß und Spiel,
    Lässt nur wenig Zeit zum Ziel.

An Erziehung ist wohl kaum zu denken,
es könnte ja die Kinder kränken.
Edle Ziele, Ehrfurcht, Würde?
Weg mit Gott und alter Bürde.

    Welt- und Menschenbild nur materiell,
    die Schule verführt sexuell.
    Daher Gewalt, Mobbing und Überdruss,
    jeder Fünfte zum Psychologen muss.

Genug der Übel, die Kindern schaden,
Familien entzweien und Eltern beklagen.
Ein Ausweg nur die Heimschule ist,
Friede im Haus und Herz ist gewiss.

Selbstständig Lernen nach Programm,
bietet eine Fernschule an.
Lernen macht nun wieder Spaß,
Wort und Wissen kennen kein Maß.

Ei, beginne doch gleich heute.
Frag nicht, was sagen die Leute.
Das Kindeswohl steht obenan,
Nur „Elter" dies entscheiden kann.

Manche lernen ganz allein,
bei anderen muss Gemeinschaft sein.
Jeder, wie er gerne möchte,
Hauptsache man tut das Rechte.

Drei, fünf Schüler in einer Wohnung,
hält Enzensberger die beste Lösung.
Endlich frei von Stress und Zwang,
der Lehrer steht nur nebenan.

HSt

Eltern-Notgemeinschaft

An den Niedersächsischen Landtag - Petitionsausschuß -

Petition – Befreiung von der Schulpflicht
(Art.7 GG; § 22, 63/5, 68/1 NSchG) für bibelgläubige Familien

Sehr geehrte Damen und Herren!

Wir sind zumeist kinderreiche, christliche Familien aus unterschiedlichem kirchlichem Hintergrund, die dem Herrn Jesus Christus vertrauen. Das Wort Gottes, die Bibel, ist Grundlage unseres Handelns. Somit sind die Ordnungen Gottes die Richtschnur auch für die Erziehung unserer Kinder. In unserem Lande dagegen, insbesondere in unseren Schulen, sind die christlich-biblischen Werte in erschreckender Weise immer mehr verlustig gegangen. Diese Situation hat ihre Parallele auch in der allgemeinen Pädagogik. Dadurch entsteht für uns ein immer drastischer werdender Konflikt zwischen unseren Erziehungsvorstellungen und dem in den öffentlichen Schulen vorherrschenden Alltag. Dieser Konflikt hat sich zu einem tiefen Gewissenskonflikt entwickelt, so daß wir unsere Kinder aus der öffentlichen Schule herausnahmen und die jüngsten gar nicht einschulten oder die noch nicht schulpflichtigen Kinder ebenfalls nicht in die Schule schicken können. Eltern, die ihre schulpflichtigen Kinder selbst zu Hause unterrichten, geraten somit ungewollt in Konflikt mit den verschiedenen Schulgesetzen der Länder, die solche Fallgestaltungen nicht kennen und nicht berücksichtigen. Und so meinen die Anwender der Vorschriften, gegen vermeintlich widerspenstige Gesetzesbrecher die ihnen zur Verfügung stehenden Sanktionsmöglichkeiten anwenden zu müssen, um letztlich deren Gewissensentscheidung zu ignorieren.

Daß es sich bei uns um eine wirkliche Glaubens- und Gewissensentscheidung handelt, versuchen wir seit Jahren den Behörden ausführlich klarzumachen. Dabei berufen wir uns auf die verfassungsrechtlich garantierte Freiheit des Glaubens, des Gewissens und des religiösen Bekenntnisses, auf die Gewährleistung der ungestörten Religionsausübung und ferner auf das ebenfalls verfassungsgemäß garantierte natürliche Pflege- und Erziehungsrecht der Eltern. Die hierfür verantwortlichen Sachbearbeiter lassen die verfassungsrechtlichen Fragen stets außen vor, d.h., sie gehen nicht oder nicht genügend darauf ein und klassifizieren unser aus der Not entstandenes Tun als Ordnungswidrigkeit, in Einzelfällen, wie in Hessen, sogar als Straftat. Hier werden Rechtsstaatsprinzipien und elementare Menschenrechte verletzt.

So erleben wir bis heute, daß uns zwar in der Regel mündliches Verständnis seitens der Verantwortlichen bekundet wird und einzelne Beamte auch bemüht sind, eine Lösung des Problems zu finden. Sie stoßen aber immer wieder an die Grenze ihrer verwaltungsmäßigen Möglichkeiten. So wird die Sache dann stets von Verantwortungsträgern höherer Ebene zu unseren Ungunsten forciert, und es bleibt dann bei der mehr oder weniger praktizierten Strafverfolgung der christlichen Eltern, die aufgrund ihres hohen Verantwortungsbewußtseins gegenüber Gott und auch den Kindern nicht anders handeln können, als ihre Kinder selbst zu unterrichten oder von lehrfähigen Personen ihres Vertrauens unterrichten zu lassen. Es bietet sich für uns keine Alternative. In Bayern und in Sachsen-Anhalt meint man besonders streng gegen die Eltern vorgehen zu müssen und droht mit Sorgerechtsentzug. Diese Ungerechtigkeit erfahren ausgerechnet solche Eltern, die sehr gesunde Familien aufzuweisen haben, wie man sie in unserer säkularisierten Gesellschaft erst suchen muß. Das müssen denn auch die

Zuständigen der Jugendämter und Vormundschaftsgerichte stets würdigend feststellen.

Wir möchten durch dieses Schreiben ferner festgestellt wissen, daß sich in bezug auf unsere Notsituation - vom Gesetzgeber gewiß nicht beabsichtigte - Lücken und Härten bzw. Mängel in den gegen uns angewandten Vorschriften befinden, die im Sinne des zuvor genannten Anliegens geprüft werden sollten. Diese Vorschriften sind wegen der besonderen Fallgestaltung auf uns in der gegebenen Form nicht anwendbar.

In Ihrer Informationsbroschüre „Stichwort Petitionen" heißt es sehr treffend:

„Kein Staat, keine Gesellschaft, keine Bürokratie und keine politische Institution kann unfehlbar sein. Jedes noch so ausgefeilte Gesetz und jede noch so gründlich durchdachte Regierungsverordnung kann in der Praxis Mängel zeigen. Selbst eine sorgfältig überlegte Entscheidung, auch die bestgemeinte Beratung in einer Behörde, kann fehlerhaft sein, ganz zu schweigen davon, daß jeder bürokratische Apparat dazu neigt, Sonderfälle als belastend anzusehen. Unrecht oder Ungerechtigkeit sind nicht selten die Folge".

Im folgenden möchten wir unsere Glaubens- und Gewissenshaltung näher darlegen und auch von verfassungsrechtlicher Seite her beleuchten. Zunächst aber seien die Gründe für unser Handeln genannt, welche den Gewissenskonflikt auslösen.

In den Schulgesetzen der Länder ist die Erziehung zur „Ehrfurcht und Verantwortung vor Gott" zwar festgeschrieben und den Werten der christlich-abendländischen Kultur verpflichtet. In der Praxis der Schule, insbesondere der

Grund- und Hauptschule, ist dies aber nicht mehr der Fall. Es handelt sich durchaus nicht um gewisse „Unzulänglichkeiten" staatlicher Schulbildung, die vielleicht noch hingenommen werden könnten, sondern vielmehr um eine tiefgreifende Gesellschafts- und Kulturkrise, die in der Schule ihren Niederschlag gefunden hat: Die pluralistische Schule erzieht die Kinder nicht mehr nach dem christlichen Welt- und Menschenbild und den Geboten Gottes, sondern nach anderen Werten und Bildern, die das Christentum ersetzen sollen. Das Christentum hat seine dominierende Rolle verloren; es prägt nicht mehr Gesellschaft und Kultur.

Die Gründe für christliche Schulverweigerer, mittlerweile mehr als 100 Familien mit ca.150 Schulkindern in den verschiedenen Bundesländern, sind fast überall gleich: Bibelgläubige Eltern sehen in der öffentlichen Schule eine akute Gefahr für das geistliche, seelische und körperliche Wohl ihrer Kinder, und zwar durch

- zunehmende Gewalt, Mobbing, Drogen, Okkultismus, Verrohung der Schuljugend;
- gegen den Inhalt der Bibel stehende Lehren, z.B. die bereits überholte Evolutionstheorie;
  Gott wird als Schöpfer geleugnet;
- keine Erziehung zur Verantwortung vor Gott, sondern zum Atheismus und
  zu materialistischem Denken;
- deformierende Charakterbildung durch demoralisierende Sexualerziehung (SE, Aids);
- Pluralismus; fehlende Wertevermittlung im Sinne der christlichen Ethik, Entwertung der
  Ehe durch Propagierung und Anerkennung „anderer Lebensformen";
- ideologische Pädagogik.

Die Folgen, die wir häufig beobachten, sind: enorme Lerndefizite, Lernunlust, Rebellion gegen Eltern und Lehrer und Autoritätsverlust, Konsumdenken, kein Pflichtbewußtsein, verantwortungsloses Handeln, kein Unrechtsbewußtsein, Lebensuntüchtigkeit, Orientierungslosigkeit, Anfälligkeit für gesundheitsgefährdende Süchte (Rauchen, Alkohol, Drogen) und eine bedrohlich steigende Kriminalität. Es entsteht bei vielen eine innere Leere und jene gewaltige Lebensangst, die die Frage aufwirft: „Wozu lohnt es sich zu leben?"

Die Schulsituation hat sich in den letzten 10-15 Jahren für bibelgläubige Familien vielerorts in unerträglicher Weise verschlimmert, insbesondere durch die schulische

Sexualerziehung
Die Ziele der Sexualerziehung an den Schulen sind nicht nur ein Angriff auf den biblischen Gottesglauben, sondern auch eine Zerstörung der natürlichen Scham. Schon S.Freud warnte vor den zerstörerischen Folgen sexueller Stimulierung von Kindern: „Kinder, die sexuell stimuliert werden, sind nicht mehr erziehungsfähig, die Zerstörung der Scham bewirkt eine Enthemmung auf allen anderen Gebieten, eine Brutalität und Mißachtung der Persönlichkeit des Mitmenschen". Obwohl man sich sonst gerne auf Freud beruft, beachtet man diese Warnung nicht und steuert geradezu mutwillig das Ziel sexueller „Enthemmung auf allen Gebieten" an. In einem Handbuch für Lehrer als „Anleitung zur Handhabung der Rahmenrichtlinien für Sexualkunde in Hessen" v. H.J.Gamm heißt es: „Wir brauchen die sexuelle Stimulierung der Schüler, um die sozialistische Umstrukturierung der Gesellschaft durchzuführen und den Autoritätsgehorsam einschließlich der Kinderliebe zu den Eltern gründlich zu beseitigen". Beides ist verheerend für die Seele und die Charakterbildung unserer solcher „Erziehung" ausgelieferten Kinder.

Durch Filme, Bildmaterial, Zeichnungen und Texte sowie durch das offene Gespräch im Klassenverband über sexuelle Fragen erfolgt vom ersten Grundschuljahr an der systematische Abbau der Scham. Die schulische Sexualerziehung ist eine Erziehung zur Schamlosigkeit.

Die Scham ist ein Geschenk Gottes an den Menschen nach dem Sündenfall, zum eigenen Schutz vor den Mitmenschen. Es ist bekannt, daß Abbau der Scham im geschlechtlichen Lebensbereich zum Verlust der Scheu vor Gott, das heißt zum Verlust der Gottesfurcht überhaupt und damit zum Verlust des Gewissens führt. Scham und Gewissen hängen eng zusammen. Wo die Scham abgebaut wird, schwindet auch das Unrechtsbewußtsein.

Die Sexualerziehung soll angeblich eine Erziehung zu verantwortungsvollem Handeln sein, bewirkt aber genau das Gegenteil, indem sie den Schüler für Hurerei öffnet und diese Verhaltensweise anerkennt.

Diese Richtlinien fordern unter anderem, in den einzelnen Fachbereichen die sexuelle Erlebnisfähigkeit der Geschlechter sowie den Geschlechtsverkehr zu behandeln, Kriterien für Pornographie und Obszönitäten zu erarbeiten, aus der sexuellen Vulgärsprache den emotionalen Gehalt zu erschließen, sexuelle Themen aus der Literatur kennenzulernen, anhand von künstlerischen Darstellungen nackter Menschen einen Einblick in die Einstellung des Künstlers und seiner Epoche zur Sexualität zu gewinnen, durch Tanz den Schüler zu sensibilisieren, seine Eigengeschlechtlichkeit zu erfahren.

In Konsequenz daraus wird in der Literatur, in Biologie- und Sachkundebüchern der geschlechtliche Lebensbereich vor den Schülern voll entfaltet. Das Bildmaterial liegt entweder als Handzeichnung vor, als Darstellung in Hautfarbe gemalt, als Schwarzweißfoto oder als Foto in bunt. Aufklärungsfilme führen ihm das alles lebendig vor Augen.

So geht es um die Darstellung nackter Familien, der Geschlechtsteile von Mann und Frau, Darstellung des Geschlechtsverkehrs, des erregten Penis mit und ohne Verhütungsmittel. Es finden sich Beschreibungen der Onanie, Beschreibungen des Pettings und des Geschlechtsverkehrs, oft bis in Einzelheiten hineingehend. Die Schüler wiederum müssen darüber vor der Klasse sprechen, Zeichnungen anfertigen und Aufsätze schreiben. Vielfach müssen die Schüler schriftliche Beschreibungen des Geschlechtsverkehrs abgeben (Anlage 1).

Wir sehen diese Art der Sexualaufklärung als eine Verletzung der Intimsphäre an, die verfassungsmäßig geschützt ist. Einsprüche bei Elternabenden nützen in der Regel nichts. Wir als christliche Eltern klären unsere Kinder ihrem Alter entsprechend selbst auf, und zwar mit dem Worte Gottes, das offen über diese Dinge spricht, aber auch das Urteil über die Sünde der Hurerei verkündet.

Nach den neuen Richtlinien für die Sexualerziehung (z.B. an Hamburger Schulen) sollen statt der Betonung von Ehe und Familie auch „andere verantwortungsvolle Lebensformen" als gleichrangig vorgestellt werden. Galt Homosexualität in der alten Fassung als „Problemverhalten", ist sie jetzt eine „gleichwertige sexuelle Orientierung" (Anlage 2).

Gottes Wort bezeichnet homosexuelles Verhalten als schwere Sünde, die ein furchtbares Gericht nach sich zieht (Röm. 1,24-32). Wir können unsere Kinder unmöglich einer solchen Erziehung aussetzen, denn unsere Kinder sollen rein bleiben (1. Kor. 7,14).

Selbst wenn eine Befreiung vom Sexualkundeunterricht möglich wäre, - die Sexualerziehung ist fächerübergreifend -, werden unsere Kinder durch die sexualisierte Schülerschaft „aufgeklärt" und belästigt.

Okkultismus und Spiritismus

„In den Schulen ist der Teufel los" lauten Presseberichte (Anlage 3). Satanskult, Okkultismus und Spiritismus haben

Hochkonjunktur. Wir ersparen uns hier die Aufzählung okkulter Praktiken, die von Schülern, zum Teil auch mit Hilfe der Lehrer, immer häufiger ausprobiert werden, wodurch Kinder in den Bann teuflischer Dinge gezogen werden, was zu ernsthaften Problemen führt. Neben dem Einzug von Hexen, Zauberern, Gnomen und sonstiger Fratzen in die Schulbücher, der primitiven Rockmusik als möglichem Einstieg in den Satanismus, greifen immer mehr Lehrer zu Entspannungs-, Wahrnehmungs-, Körper- und Atemübungen. Sie lassen die Kinder „Stille üben", entspannen und meditieren. Sie praktizieren mit ihren Schülern Yoga, Autogenes Training, Qi Gong und Tai Chi. Lehrer lassen Schüler sogar das „Pendel" oder „Totengeister" befragen. Schüler sollen Mandalas malen oder ausmalen und sog. Traum- und Phantasiereisen unternehmen.

Der Erziehungswissenschaftler und Bildungsforscher Prof. Dr. Reinhard Franzke von der Universität Hannover hat jetzt eine wissenschaftliche Arbeit vorgelegt, die sich mit dem Thema „Okkultismus in Klassenzimmer und Kindergarten" beschäftigt und das Wesen und die Gefahren okkulter Praktiken im Bildungssystem offenlegt. In Forschungsarbeiten hat Prof. Franzke Entspannungsübungen, Visualisierungen, Phantasiereisen und Stilleübungen, die zunehmend an Schulen eingesetzt werden, untersucht und bewertet. Sein Ergebnis: Bei den meisten dieser Praktiken handelt es sich um einen verkappten Okkultismus. Kinder würden durch diese Methoden raffiniert in Kontakt mit okkulten Kräften gebracht. Franzke weist nach, daß die Kinder unter dem Vorwand von Stilleübungen in verschiedenen Unterrichtsstunden unter Druck gesetzt werden, okkulte, schamanische und fernöstliche Praktiken einzuüben (Anlage 4).

Einige Kinder der Mitunterzeichner berichten davon, wie das auch mit ihnen in der Schule versucht wurde. Was heute mit unseren Kindern gemacht wird, geht weit über die Grenze des Zumutbaren und über den Lehrauftrag hinaus. Wir können nicht zulassen, daß unsere Kinder mit Dingen, die Gott ein Greuel sind, in Berührung kommen (5. Mose 18,9-14; Offb. 21,8).

Gewalt an Schulen

Über Gewalt und Psychoterror an öffentlichen Schulen brauchen wir uns hier nicht weiter zu verbreiten. Die Presse berichtet genug davon (FOCUS 10/98). Von den 370.000 Pausenunfällen jährlich sind ein Viertel auf Gewalt und Brutalität zurückzuführen (Anlage 5+6ab). Der Tatort Schule ruft immer wieder Sanitäter und Polizei auf den Plan. Das Gefahrenpotential der Brutalität unter Schülern ist so hoch, daß dies alleine schon ein Grund wäre, die Kinder von der öffentlichen Schule fernzuhalten.

Sarah, Kind der Mitunterzeichneten, und ihre Schulfreundin wurden eine Weile regelmäßig von älteren Schülerinnen um Schutzgeld erpreßt und belästigt. Viele Verhaltensauffälligkeiten in der Klasse und auf dem Schulhof trugen letztlich mit zu der Entscheidung der Eltern bei, Sarah aus der Schule zu nehmen und selbst zu unterrichten.

Ideologische Emanzipationspädagogik

Unsere Schulverweigerung richtet sich vor allem gegen die ideologische Emanzipationspädagogik. Die Bundesrepublik erlebte gegen Ende der 60er Jahre eine tiefgreifende Moralrevolution, hervorgerufen durch die neomarxistische Emanzipationsbewegung. Diese hatte das Ziel, dem Marxismus in der Bundesrepublik zum Sieg zu verhelfen. Dabei beschritt sie einen anderen Weg als Karl Marx. Nach der Vorstellung von Marx ist die Entfremdung des Menschen von seinem wahren Selbst, seine Unterdrückung durch die Privatisierung der Produktionsmittel entstanden. Das ganze Wertgefüge der bürgerlichen Gesellschaft (Normen, Gebote, Verbote, Institutionen bis hin zur Religion) sei Widerspiegelung der Eigentumsverhältnisse an den Produktionsmitteln. Dieses Wertegefüge sei der Garant für den Fortbestand der bürgerlich-kapitalistischen Gesellschaft. Dies alles entfremdete den an sich guten Menschen von sich selbst und sei Ursache für alle Menschheitskonflikte. Marx glaubte, die Emanzipation, die Befreiung von aller Selbstentfremdung, sei in dem Augenblick gegeben, in dem die Ursache der Selbstentfremdung beseitigt sei. Da aber die Befreiung des Menschen ausblieb und die Unterdrückung des Menschen überall dort zunahm, wo der Marxismus real wurde, fanden die Marxisten mit ihren Parolen im Westen wenig Anklang. Daraufhin entwickelten spätmarxistische Denker wie Horckheimer, Adorno, Marcuse und Habermas neue Gesellschaftstheorien, die unter dem Begriff der „Kritischen Theorie" der sogen. Frankfurter Schule bekannt geworden sind. In den 60er Jahren verbanden sich diese Theorien mit der Protestbewegung der Schüler und Studenten, die 1968 in einer Kulturrevolution ihren Höhepunkt fanden.

Die neomarxistischen Denker gingen angesichts des wenig einladend wirkenden realen Sozialismus davon aus, daß sie einen anderen Ansatz nehmen mußten, als dies von Marx vorgedacht war. Nicht die gewaltsame Abschaffung des Privateigentums an den Produktionsmitteln könne die Emanzipation bewirken, sondern umgekehrt: zuerst müsse die Emanzipation des Menschen von den ihn unterdrückenden und beherrschenden Wertvorstellungen der bürgerlichen Gesellschaft erfolgen. „Befreiung" von den gesellschaftlichen Normen, Werten, Geboten und Institutionen, wie z.B. Ehe, Familie, Kirche, Schule und Rechtsordnung im überlieferten Sinne, sei das Gebot der Stunde. Wenn die Wertordnung dieser Gesellschaft brüchig geworden sei, müsse diese selbst in einem manifest geführten Klassenkampf überwunden werden.

Im Gefolge dieser Theorie setzte eine totale Kritik an den gesellschaftlich-kulturellen Verhältnissen ein. Alle Gebote, Verbote, Werte, Normen und Institutionen in der Gesellschaft wurden in Frage gestellt, alle Autorität stand zur Disposition, auch Gott wurde geleugnet.

Damit fielen auch Gottes Ordnung und Gebote als gültige, geoffenbarte Wahrheit unter diese Kritik und ebenso alle Lebensbereiche und -verhältnisse, in die Gottes Gesetz und Gebot in der Geschichte des christlichen Abendlandes eingegangen war. Insbesondere ging es um die intimsten Bereiche des Menschen, um seine Geschlechtlichkeit, um Ehe und Familie, um das traditionelle Verhältnis der Geschlechter zueinander, um die Bereitschaft zum Empfang des ungeborenen Kindes, um die biblische Stellung von Mann und Frau in der Familie und in der Öffentlichkeit. Optimale Bedürfnisbefriedigung wurde der Maßstab, der an die gesamte Tradition vom marxistischen Denken her angelegt wurde. Von diesem Maßstab her ging es um ein befreites Handeln: um Ablehnung oder Veränderung. Die „große Weigerung" wurde propagiert. Ein bisher nicht dagewesener Traditionsabbruch in nahezu allen Bereichen setzte ein. Ein neuer Freiheitsbegriff wurde definiert: In der „neuen Freiheit" gehe es nicht wie bisher um Freiheit „für" die überlieferten Gebote, ethischen Normen, Werte und Einrichtungen, sondern um Freiheit „von" diesen ethischen Prinzipien der Gesellschaft auf der Basis optimaler Bedürfnisbefriedigung (aus „Zerstörung der Glaubens- und Gewissensfreiheit in den öffentlichen Schulen..." (vgl. Immanuel Lück, Extertal 1998).

Mit diesen Theorien wurde Anfang der 70er Jahre das deutsche Schulwesen revolutioniert.

Das Ausufern von Gewalt, die zunehmenden Disziplinschwierigkeiten sind die Folgen der Emanzipationspädagogik, deren Scheitern heute zugegeben wird. Hartmut von Hentig, einer der Begründer der „emanzipatorischen Pädagogik", äußerte auf einem der letzten Kirchentage, die *„drei Formen des Versagens (der Pädagogik, der Politik, der öffentlichen Mo-*

ral), sind prinzipieller Natur; an allen drei Aufgaben hat meine Generation ein Leben lang gearbeitet – und ist gescheitert. Die Erzieher der Jugend tragen Schuld; sie haben Falsches gelehrt". Aus dieser Erziehung ist eine Generation ohne sittliche Gebote und moralische Werte und demzufolge ohne ein Unrechtsbewußtsein hervorgegangen. Dennoch ist kein Kurswechsel in der schulischen Erziehung in Sicht.

Gerne wird das Versagen der Erziehung auf die Eltern geschoben. Aber deren Autorität ist durch die Schule untergraben worden. Daß die Schule ihrem Erziehungsauftrag nicht nachkommt, ist u.E. der entscheidende Grund für den Bildungsnotstand und die wachsende Kinderkriminalität (Anlage 7, 7a +8). Wenn an staatlichen Schulen so gelehrt und gelebt wird, als ob es keinen Gott gäbe, dem wir völlig vertrauen können und an dessen Ordnung wir uns halten sollen, dann braucht man sich über Früchte nicht zu wundern. Die Lerninhalte werden ohne Gottesbezug gelehrt. Nun ist aber nichts auf dieser Welt ohne Beziehung zu Dem, Der es geschaffen hat. Deshalb ist es für uns als christliche Eltern ganz und gar unmöglich, unsere Kinder einer solchen gottlosen Bildung und Erziehung zu überlassen.

Nur eine entschiedene Hinwendung zur christlichen Lehre und den biblischen Erziehungsgrundsätzen kann den Erziehungsnotstand beenden. Christliche Eltern können jedoch nicht länger auf die längst fällige moralische Wende warten, sondern sehen es als ihre Aufgabe und Verantwortung, den Kindern eine Erziehung und Bildung angedeihen zu lassen, deren Ziele vom Evangelium her bestimmt werden, und zwar durch

- Achtung vor dem Anderen, besonders vor Autoritäten (Eltern, Lehrer, Vorgesetzte usw.)
- soziales Verhalten, besonders gegenüber Älteren und Jüngeren

- friedliche Konfliktlösung
- unbedingte Rücksichtnahme gegenüber Schwächeren
- Hilfs- und Opferbereitschaft
- Feindesliebe
- Liebe zur Wahrheit
- Zuverlässigkeit und Treue usw.

Diese der Lehre Jesu gemäßen Werte und Verhaltensweisen wollen wir unseren Kindern vermitteln bzw. diese uns nicht von Schule und Mitschülern zerstören lassen.

Zwang zum Ethikunterricht

Mit großer Sorge verfolgen evangelikale Eltern, die entschiedene Christen sind, die Entscheidungen, die in den Bundesländern im Zusammenhang mit dem Religionsunterricht getroffen werden. Schüler, die sich vom Religionsunterricht abmelden, müssen an einem Pflichtfach „Ethik" oder „Praktische Philosophie" teilnehmen. Wir haben in der Vergangenheit unsere Kinder vom Religionsunterricht aus Glaubens- und Gewissensgründen abgemeldet. Der evangelische Religionsunterricht ist nämlich einer bibelfremden, dem Zeitgeist gemäßen Theologie verhaftet. Wir aber möchten an der Bibel und dem christlichen Bekenntnis festhalten.

Erschreckend für uns ist, daß christliche Schülerinnen und Schüler nun gezwungen werden, an einem weltlichen, eigentlich antichristlichen Ethikunterricht teilzunehmen. Eltern und Schülern wird das freiheitliche Grundrecht genommen, die religiös-weltanschauliche Erziehung ihrer Kinder selbst zu bestimmen.

Schlußfolgerung

Aus den genannten Gründen ist die öffentliche Schule nicht mehr der Platz für unsere Kinder, die Gott uns anvertraut hat. Wir nehmen daher für unsere Kinder das diesen garantierte

Grundrecht auf freie Religionsausübung in Anspruch. Wir berufen uns auf unsere grundgesetzlich garantierte Glaubens- und Gewissensfreiheit (Art.4 GG), die auch für den Schulbereich gilt:

„Der Art.4 GG schützt auch das Recht des Einzelnen, sein gesamtes Verhalten an den Lehren seines Glaubens auszurichten und seiner inneren Glaubensüberzeugung gemäß zu handeln. Die Glaubens- und Bekenntnisfreiheit schützt das Recht der Eltern, ihr Kind entsprechend ihrer religiösen... Überzeugung zu erziehen. Die Freiheit des Glaubens schützt das Gewissen und die Gewissensentscheidung. Unter Gewissensentscheidung versteht das Bundesverfassungsgericht jede ernste, sittliche, also an den Kategorien von ‚gut' und ‚böse' orientierte Entscheidung, die der Einzelne in einer bestimmten Situation als für sich innerlich handelnd und unbedingt verpflichtend empfindet, so daß er gegen sie nicht ohne ernste innere Not (Gewissen) handeln könnte (BVerfGE 12,45,55). Geschützt ist nicht nur das Gewissen an sich (was kaum praktische Bedeutung hätte), sondern vor allem die Freiheit, entsprechend dem Gewissen zu handeln und so Gewissensüberzeugungen zu verwirklichen. Die Gewissensfreiheit garantiert – ebenso wie die Glaubens- und Bekenntnisfreiheit – dem Einzelnen das Recht, bei seinen Handlungen seiner inneren Überzeugung zu folgen" („Meine Grundrechte" von Dr. Hubert Weis).

Vor allem berufen wir uns im Zusammenhang mit Okkultismus und Spiritismus an öffentlichen Schulen auf das Grundrecht der Glaubensfreiheit aus Art.4, Abs. 1 GG. Schließlich handelt es sich bei okkulten und spiritistischen Praktiken teilweise um Symbolik und Handlungen heidnisch-fernöstlicher Religionen, die mit unserem Glauben an Jesus Christus und Seiner Lehre unvereinbar sind. Hierbei berufen wir uns auf das sog. Kruzifix-Urteil des Bundesverfassungsgerichts vom 16. Mai 1995. Interessant und für unsere Fallgestaltung bedeutend ist die Begründung des Gerichts zu dem Urteil. Es finden sich nämlich Parallelen zu unserer Problematik. Die Richter führen aus:

„Art. 4 Abs. 1 GG schützt die Glaubensfreiheit. Die Entscheidung für oder gegen einen Glauben ist danach Sache des Einzelnen, nicht des Staates. Der Staat darf ihm einen Glauben oder eine Religion weder vorschreiben noch verbieten. Zur Glaubensfreiheit gehört aber nicht nur die Freiheit, einen Glauben zu haben, sondern auch die Freiheit, nach den eigenen Glaubensüberzeugungen zu leben und zu handeln (vgl. BVerGE 32,98 (106))...

Art. 4 Abs. 1 GG beschränkt sich allerdings nicht darauf, dem Staat eine Einmischung in die Glaubensüberzeugungen, -handlungen und -darstellungen Einzelner oder religiöser Gemeinschaften zu verwehren. Er erlegt ihm vielmehr auch die Pflicht auf, ihnen einen Betätigungsraum zu sichern, in dem sich die Persönlichkeit auf weltanschaulich-religiösem Gebiet entfalten kann (vgl. BVerf.GE 41,29 (49))...

Im Verein mit Art.6 Abs.2 Satz 1 GG, der den Eltern die Pflege und Erziehung ihrer Kinder als natürliches Recht garantiert, umfaßt Art. 4 Abs. 1 GG auch das Recht zur Kindererziehung in religiöser und weltanschaulicher Hinsicht. Es ist Sache der Eltern, ihren Kindern diejenigen Überzeugungen in Glaubens- und Weltanschauungsfragen zu vermitteln, die sie für richtig halten (vgl. BVerfGE 41,29 (44,47 f.)). **Dem entspricht das Recht, die Kinder von Glaubensüberzeugungen fernzuhalten, die den Eltern falsch oder schädlich erscheinen..."**

Weiter führt das Bundesverfassungsgericht in dem vorliegenden Urteil aus: *„Die schulische Erziehung dient nicht nur der Erlernung der grundlegenden Kulturtechniken und der Entwicklung kognitiver Fähigkeiten. Sie soll auch die emotionalen und affektiven Anlagen der Schüler zur Entfaltung bringen. Das Schulgeschehen ist darauf angelegt, ihre Persönlichkeitsentwicklung umfassend zu fördern und insbesondere auch das Sozial-*

verhalten zu beeinflussen. In diesem Zusammenhang gewinnt das Kreuz im Klassenzimmer seine Bedeutung. Es hat appellativen Charakter und weist die von ihm symbolisierten Glaubensinhalte als vorbildhaft und befolgungswürdig aus. **Das geschieht überdies gegenüber Personen, die aufgrund ihrer Jugend in ihren Anschauungen noch nicht gefestigt sind, Kritikvermögen und Ausbildung eigener Standpunkte erst erlernen sollen und daher einer mentalen Beeinflussung leicht zugänglich sind** (vgl. BVerfGE 52, 223 (249)."

„... und daher einer mentalen Beeinflussung leicht zugänglich sind". Genau das ist es, was uns im Zusammenhang mit der zwangsweisen Beteiligung an den sog. Stilleübungen, Phantasiereisen und sonstigen esoterischen Praktiken Angst und Sorge bereitet. Nach den obigen deutlichen Ausführungen des BVerfGE zu urteilen, können uns staatliche Institutionen nicht zwingen, entgegen unserem Glauben und Gewissen tatenlos zusehen zu müssen, wie unsere Kinder den Gefahren ausgesetzt sind, die wir in diesem Schreiben genannt haben und die allgemein bekannt sind. Es genügt durchaus nicht mehr, die Kinder theoretisch eines anderen zu belehren, sie aber nicht praktisch davon fernhalten zu dürfen.

Unsere Nachbarländer

Wir berufen uns auch auf die „Vertragstexte von Maastricht der Europäischen Union bzw. der Europäischen Gemeinschaft". In Kap.3, allgemeine und berufliche Bildung und Jugend, heißt es: „Die Gemeinschaft trägt zur Entwicklung einer qualitativ hochstehenden Bildung dadurch bei, daß sie die Zusammenarbeit zwischen den Mitgliedsstaaten fördert und die Tätigkeit der Mitgliedsstaaten ... unterstützt und ergänzt". Als Ziele werden u.a. die „Förderung der Entwicklung der Fernlehre" genannt (Art. 126).

In den meisten Ländern der Gemeinschaft besteht keine Schulpflicht, sondern Unterrichts- bzw. Erziehungspflicht, so daß auch der häusliche Unterricht erlaubt ist, so z.B. in Großbritannien, Frankreich, Belgien, Niederlande, Dänemark, Österreich und in der Schweiz. In allen diesen Ländern wird der Hausunterricht als Bereicherung für eine pluralistische Gesellschaft angesehen. Sie fördert eine echte demokratische Entwicklung durch ein selbständiges, vielseitiges Denken und Begreifen in einer schwierigen Zeit und in einer viel zu komplizierten Welt. In den USA werden über 2 Millionen Kinder in home schools (wir nennen sie „Heimschule" bzw. „Familienschule") unterrichtet. Eine amerikanische Studie über die home schools kommt zu dem Ergebnis, daß zu Hause ausgebildete Schüler bei Prüfungen bedeutend besser abschneiden als ihre Altersgenossen aus den Volksschulen (Anlage 9).

Unsere Schulabgänger gehören in den Berufsschulen und weiterführenden Schulen zu den guten Schülern. Zeugnisse können vorgelegt werden. Gerhard wurde volle 10 Jahre in der Familienschule unterrichtet, erlangte über die sogen. „Nichtschülerprüfung" den Realschulabschluß und besucht jetzt die 12.Klasse der Fachoberschule. Hier fand er sich als ehemaliger Familienschüler problemlos zurecht, wurde bald zum Klassensprecher gewählt und ist jetzt Sprecher der ganzen FOS über 8 Klassen. Sein letztes Zeugnis wies ihn als Klassenbesten aus. Wußten Sie, daß Winston Churchill, Abraham Lincoln, Georg Washington und auch Altbundeskanzler Konrad Adenauer Heimschüler waren? Jegliches Mißtrauen, ob die Hausschule den Mindestanforderungen entspricht, ist unbegründet. Vielmehr beweist der neue Stern-Bericht (4/99), und die Wirtschaft beklagt es, daß die Schüler an öffentlichen Schule sehr schlechte Noten haben (Anlage 9a).

Im Hinblick auf die „harmonische Entwicklung der Gemeinschaft" (Art. 126, Abs. 3 der Maastrichter Verträge) sollte auch in der Bundesrepublik der Heimunterricht zumindest geduldet werden, wie das beispielsweise bei der Familie Stücher in Siegen nach anfänglichem außerordentlich massivem, aber erfolglosem staatlichen Druck der Fall war. 17 Jahre konnte sie unbehelligt in ihrer „Philadelphia-Schule" ihre sieben Kinder, dazu noch sieben fremde Schüler, von den Kl. 1-10 mit Erfolg unterrichten. In anderen Fällen wurde die „Schulbefreiung" ausgesprochen. Einige Gerichte haben zugunsten der „Überzeugungstäter" entschieden und die Bußgeldverfahren eingestellt (Anlage 10). In Rheinland-Pfalz durfte eine Familie mit Einverständnis der Regierung ihre sechs schulpflichtigen Kinder zu Hause unter Betreuung von Fachlehrern der Philadelphia-Schule unterrichten. Auch in Baden-Württemberg läßt man in einigen Fällen Familienschuleltern gewähren; eine christliche Familiengruppe hat dort die Erlaubnis für ein weiteres Jahr, das dritte, ihre Kinder selbst zu unterrichten. Wieder andere Schulbehörden und Jugendämter in verschiedenen Bundesländern pochen in übertriebener Weise auf bestehende Paragraphen, die nicht für Schulverweigerer aus Glaubens- und Gewissensgründen vorgesehen sind.

Wie soll „die Gemeinschaft der Europäischen Union bildungspolitisch gefördert" werden, wenn nicht einmal in den Ländern der Bundesrepublik Einigkeit über die Duldung von Familienschulen besteht? Eltern, die um das Wohl ihrer Kinder besorgt sind, werden praktisch gezwungen, entweder langwierige Prozesse für die Duldung ihrer Familienschule zu führen oder ihre Existenzgrundlage aufgeben und das Land zu verlassen, um in einem der Staaten der Europäischen Gemeinschaft Zuflucht zu suchen, wie das jetzt zwei Familien getan haben.

Es fehlt für Schulverweigerer an einer Ersatzlösung, wie diese beispielsweise einer gewissen Gruppe mit dem Ersatz-Ersatzdienst zugestanden wird. Dieser schwerwiegende Gesetzesmangel führt zu „Christenverfolgungen" in Deutschland (Anlage 11).

Etliche unserer Schuleltern bzw. deren Eltern wurden in der Nazizeit oder unter dem Kommunismus verfolgt, weil sie sich wegen ihres Glaubens dem Versammlungsverbot nicht unterwerfen konnten. Die nachfolgende Generation sieht sich nun wieder einer Bedrängnis durch staatliche Behörden ausgesetzt.

Unser Handeln ist nicht nur ein theoretisches Überlegen angesichts der allgemein bekannten Problematik des Erziehungsnotstandes, sondern es ist vielmehr ein aus der Gewissenssensibilisierung entstandenes Tun, das für uns zwingend ist, weil wir uns in erster Linie Gott verantwortlich wissen (was eine Verantwortung vor der Obrigkeit nicht ausschließt – Ap. 5,29; Röm. 13,1-7). Und weil wir um das Wohl unserer Kinder besorgt sind – beides bedingt einander! Die dementsprechende Entscheidung, die Kinder nicht in die öffentliche Schule zu geben, ist bei vielen christlichen Familienschuleltern über Jahre gereift und stellt einen Gesamtvorsatz dar, der auf Dauer angelegt ist. Unsere Entscheidung ist eine ein für allemal gefällte Glaubens- und Gewissensentscheidung!

Leider ist die Gründung anerkannter Bekenntnisschulen in verschiedenen Bundesländern sehr erschwert. Die geforderte Finanzierung, Mindestschülerzahl, Räumlichkeiten und Lehrerschaft können wir nicht nachweisen. Schon unser pädagogisches Konzept, das auf die biblischen Erziehungsgrundsätze ausgerichtet ist, stößt auf Ablehnung bei den Genehmigungsbehörden. Deshalb bleibt uns kein anderer Weg als die Gründung von Familienschulen. Wir sehen den Unterricht zu Hause neben privaten Schulen als echte, realistische Alternative für die in Schwierigkeiten befindlichen staatlichen Schulen. Die Vorteile der Heimschule (Familienschule) sind offensichtlich (s.beil.Broschüre). Fachlehrer und Fernschulen (Deutsche Fernschule Wetzlar, ILS-Institut Hamburg) haben hervorragendes Lehrmaterial entwickelt, das den öffentlichen Schulen in keiner Weise nachsteht. Wir erkennen ja die Aufsicht des Staates grundsätzlich an, halten uns auch an die staatlichen Lehrpläne. Denkbar ist für uns auch die Bestallung eines staatlichen Schulpflegers, der die Heimschulen beaufsichtigt, oder eine Betreuung durch die örtliche staatliche Schule (Vorschlag eines Verwaltungsgerichts). In einem Falle hat das Oberschulamt die Anbindung an eine anerkannte freie christliche Bekenntnisschule erlaubt.

Wenn Wehrdienstverweigerer und sogar Ersatzdienstverweigerer höher bewertet werden als die Sicherheit des Staates, ja wenn Abtreibung zwar gesetzeswidrig, aber straffrei ist, obgleich das Bundesverfassungsgericht die Freiheit des Gewissens nach Art. 4 GG nicht als rechtfertigenden Grund für eine Abtreibung gelten läßt, dann muß für Schulverweigerer aus Gewissensgründen ebenfalls ein Ausweg gefunden werden.

Wir bitten Sie, zum Wohle unserer Kinder und Familien eine Lösung für unser Schulproblem unter Anwendung der entsprechenden Abschnitte des Grundgesetzes zu schaffen, damit wir mit unseren Kindern Gott und dem Vaterland dienen und in Frieden und Freiheit unseres Glaubens in einem Lande, das sich zur Demokratie und zu den Menschenrechten bekennt, leben können.

Dieses Bittgesuch wird durch 2.343 Unterschriften, die in der Anlage beigefügt sind, unterstützt.

Mit vorzüglicher Hochachtung
gez. Unterschriften

Weitere Schriften

Helmut Stücher
Der große Erziehungsauftrag
Novum-Verlag 2014
Hardcover, 280 Seiten,
€ 17,40
ISBN 978-3-99038-663-7

Georg Pflüger
**„Lernen als Lebensstil –
Die Herausforderung der Homeschool-Bewegung"**
df Wetzlar

Thomas Spiegler
**„Home Education in Deutschland –
Hintergründe – Praxis – Entwicklung"**
VS-Verlag für Sozialwissenschaften, Wiesbaden 2008

Die geöffnete Tür
Informationsblatt der Philadelphia-Schule
halbjährl.